지구학교 1교시 경제학 수업

지구학교 1교시
경제학 수업

잉그리드 세튀메르 지음 | 로디 페로탱 그림 | 이세진 옮김

푸른숲주니어

차례

세계화가 진행되면서 우리는 점차 상호 의존적인 삶을 살게 되었다. 예전에는 미국이 기침을 하면 멕시코가 감기에 걸린다는 말이 유행했다. 하지만 요즘은 미국이 기침을 하면 콧물 좀 흘리는 정도로 끝나지 않는다…….

-조지프 스티글리츠, 노벨 경제학상을 받은 미국의 경제학자(1943~현재)

유한한 우리 세상에서 무한한 성장이 가능하다고 믿는 사람은 미친놈이거나

경제학자거나, 둘 중 하나다.

-케네스 E. 볼딩, 미국의 경제학자(1910~1993)

경제, 미래에 질문을 던지다

활발히 돌아가던 경제가 순식간에 뚝 멈춰 섰다. 공장은 폐쇄되었고, 생산 활동은 느려졌으며, 생필품을 파는 가게 몇 곳만 빼고 전부 문을 닫았다. 식당, 영화관, 미술관이 무기한 휴업에 들어갔다. 곧이어 세계 곳곳에서 경제적으로 형편이 어려워진 사람들이 속출했다.

어떤 이야기인지 감이 잡히는 사람도 있을 것이다. 2020년, 코로나19 바이러스가 빠르게 퍼지면서 맞이한 전 세계적인 위기는 현대 사회에서 경제가 얼마나 중요한지 잘 보여 주는, 그야말로 살아 있는 사례였다.

사실 '정상적'인 시기에도 경제가 사회에서 가장 으뜸가는 활동이라는 건 분명하다. 라디오, 신문, 뉴스, 인터넷, 소셜 네트워크 서비스(SNS)에는 허구한 날 실업률 분석과 경제 성장 전망이 올라온다. 사람들은 주요 기업들이 지구 온난화와 환경에 미치는 영향을 걱정하고, 자신의 소비가 다른 사람들에게 어떻게 보일지 궁금해한다.

그렇지만 GDP, 금리, 인플 레이션……. 경제에는 어려운 용어가 하도 수두룩해서 관련 내용들을 이해하기란 녹록하지 않다. 마치 이 분야 전문가들만이 알 수 있는 게 아닐까, 하는 의심이 들 정도다.

게다가 경제를 이끄는 주인공은 바로 '돈'이다. 그래서 가끔은 경제 이야기를 꺼내기 어려울 때도 있다. 우리는 돈에 대해 관심을 보이는 사람들을 종종 욕심에 눈이 먼 사람처럼 대하곤 하니까!

세상은 점점 더 빨리 변하고 또 새로운 균형을 찾아간다. 중국이 경제 대국으로 급부상하면서, 기존의 경제 챔피언이던 미국이 기득권을 지키려고 무진장 노력하고 있다. 그 가운데서 유럽은 자신들의 입지를 굳혀 예전의 영광(?)을 찾으려고 애를 쓰는 중이다.

그뿐만이 아니다. 최근 십 년 사이, 지구 온난화가 심각한 문제로 떠오르면서 지금까지와는 다른 방식의 경제 활동을 고민해야 할 상황과 맞닥뜨리게 되었다. 또 스마트폰으로 대표되는 디지털 기기들은 우리의 생활과 정신 속으로 깊이 파고들었다. 그 바람에 구글, 애플, 페이스북, 아마존 등 IT 기업들은 통제가 불가능한 공룡이 되어 웬만한 국가에 도전할 수 있을 만큼 덩치가 커졌다.

그렇다면 앞으로는 어떻게 될까? 우리는 어떤 세상에서 살게 되고, 어떤 세상에서 살고 싶어 하게 될까? 끊임없이 경제가 더 성장하기를 바라야 할까? 과연 우리는 어떻게 일하고, 어떻게 소비해야 할까?

경제 활동에서 비롯된 오늘날의 중요한 쟁점들을 이해한다는 건, 미래에 대해 좋은 질문을 던지는 일이기도 하다. 그와 동시에 우리 모두 스스로의 역할을 깨닫고 책임 있는 시민이 될 기회이기도 하다. 이것이야말로 이 책에서 여러분에게 알려 주고자 하는 핵심 주제이다!

지금부터 미래의 내 모습을 머릿속에 그려 보면서, 우리가 함께 만들고 싶은 사회에 대해 상상해 보도록 하자.

'경제'가 집안의 규범에서 출발했다고?

'경제'라는 단어는 '오이코스 노모스(Oikos-Nomos)'라는 그리스어에서 유래했다. 오이코스는 '집' 또는 '영지'를 뜻하고, 노모스는 '법'을 의미한다. 한마디로 요약하면 '집안의 규범'이라고 할 수 있다.

시간이 흐르면서 경제가 뜻하는 범위는 집을 넘어 국가, 나아가 온 세상을 아우르게 되었다. 이제 경제는 '사회가 자원(천연자원, 인간의 노동력, 기계 설비 등)을 관리하여 욕구를 충족하는 방식' 전체를 의미한다. 그런데 왜 사회가 자원을 관리하는 것일까? 그 이유는 인간에게 있다. 인간은 아주 많은—지나칠 정도의—욕구를 갖고 있다. 어떤 학자는 '인간의 가지려는 욕구에는 한계가 없다.'고 말하기도 한다. 반면에 자원의 양에는 분명하게 한계가 있다.

따라서 오늘날에는 인간의 끝없는 욕망과 유한한 자원 사이에서 균형을 잡기 위해 사회적으로 생산, 소비, 분배하는 과정 전체를 '경제'라고 부른다.

오이코스 - 노모스

집   법

지금 우리의 상황은 어떠할까?

돈은 얼마나 벌어야 좋은 걸까?

환경 문제가 심각해지고 있으니, 돈을 쓰는 방식에 대해서도 곰곰 생각해 보아야 하지 않을까?

제1장

경제 성장의
빛과 어둠

•　　•　　●

　　한국, 중국, 일본, 미국, 프랑스 등 국적에 상관없이 모든 나라의 정부는 '경제 성장'을 목표로 삼는다. 경제가 성장하면 일자리가 많아지고 국민의 생활 수준이 높아지기 때문이다. 그래서 경제를 더 성장시키기 위해 할 수 있는 일은 전부 다 하려고 노력한다. 성장에 지독하게 집착한다고 해도 과장이 아니다!

　　하지만 세계 곳곳에서 미친 듯한 '경제 성장'의 질주를 멈추어야 한다는 목소리가 높아지고 있다. 경제 성장이 '기후 위기'와 '사회적 불평등'이라는 세계적인 난제의 근본 원인으로 지목되기 때문이다. 그렇다면 우리는 무엇을 해야 할까? 맞다, 행동해야 한다.

모든 나라의 화두, 경제 성장

성장, 성장, 성장⋯⋯. 언론은 이런 기사를 종종 띄운다.

경제 성장 전망, 코로나19로 한층 더 낮아졌다!

2020년 4월 20일, 프랑스 경제부 장관 브뤼노 르 메르는 "프랑스의 경제 성장은 썩 나쁘지 않지만 그리 긍정적이지도 않다."고 말했다. 또 2019년 말, 프랑스 언론에서는 "독일의 경제 성장, 십 년 만에 장벽에 부딪히다!"라는 기사를 내보냈다. 대체 여기서 말하는 경제 성장은 무엇일까?

모든 나라의 정부는—진보와 보수를 가리지 않고—경제 성장을 가장 우선시한다. 한국, 미국, 중국, 캐나다, 인도⋯⋯, 그 외 어느 나라든 마찬가지다.

한 나라의 경제 성장은 일정 기간 동안 그 나라에서 생산한 부가 얼마나 늘었는지를 뜻한다. 보통은 일 년 동안, 그러니까 한 해에서 다음 해로 넘어가면서 얼마나 변화했는지의 정도를 가리킨다.

그렇다면 경제 성장이라는 용어의 다른 면에는 무엇이 있을까? 사람

지구학교 1교시 경제학 수업

들, 나아가 모든 나라는 왜 그토록 경제 성장에 집착하는 걸까?

경제 성장을 가늠하는 지표, GDP

경제학자들이 경제 성장을 가늠하기 위해 사용하는 지표가 있다. 아마도 듣고 나면 '아!' 하고 외칠 수도 있겠다. 바로 'GDP'이다. 하지만 GDP가 무엇인지 물어보면 다들 고개를 갸우뚱거린다. GDP는 '국내 총생산(Gross Domestic Product)'을 뜻한다.

2020년 3월, 코로나19 위기가 고조되면서 국제 올림픽 위원회는 도쿄 올림픽을 한 해 연기하기로 결정했다. 이때 뉴스에서는 "올림픽을 연기하기로 결정하면서 일본의 GDP가 1.5퍼센트 떨어질 것으로 예측된다."고 분석했다.

사람들은 대개 어떤 곳을 방문했을 때 사진을 남겨서 추억한다. GDP도 일종의 사진으로 생각하면 편하다. 주어진 기간 동안 경제가 활동한 흔적이라고나 할까? 각 나라의 정부는 이 사진에서 출발해 자기 나라 경제의 건강 상태를 파악한 뒤, 이웃 나라의 상태와 비교한다. 그 결과 상황이 나쁘다고 판단되면 성장을 촉진하기 위해 다양한 조치를 취한다.

많은 경제 전문가들은 GDP가 사진이긴 하지만 화질이 아주 흐릿하다고 말한다. 현실을 있는 그대로 보여 주기에는 부족할뿐더러, 지나치게 경제에만 초점을 맞추고 있다는 것이다.

이런 비판이 완전히 틀린 건 아니다. GDP가 개개인의 사회적 보람이나 쓸모 등을 전혀 포함하지 못한다는 건 누구나 알 수 있다. 국민들의 안녕, 삶의 즐거움, 자연 환경, 문화의 질, 노동 조건 등을 전부 고려한 수치가 아니기 때문이다. 우리 삶에서는 알아듣기 힘든 숫자보다 여러 다양한 요인들이 더 직접적으로 다가오기 마련이니까.

이런 이유로 GDP의 한계를 보완하려는 다른 지표들이 개발되었다. 1972년, 부탄은 GNH(Gross National Happiness, 국민 총행복 지수)를 제안했다. 남아시아에 자리 잡은 작은 불교 왕국인 부탄은 세계에서 가장 행복 지수가 높은 나라로 꼽힌다.

최근에는 HDI(Human Development Index, 인간 개발 지수)라는 지표도 등장했다. HDI 지표는 평균 수명, 교육 수준, 삶의 조건 등을 고려하고 있지만 그리 널리 쓰이지는 않는다.

GDP가 다른 요소들을 가리고 있어서 종종 비판을 받지만, 아직까지는 여전히 중요한 경제 지표로 인정받고 있다. 그렇지만 상황은 언제든지 변할 수 있다!

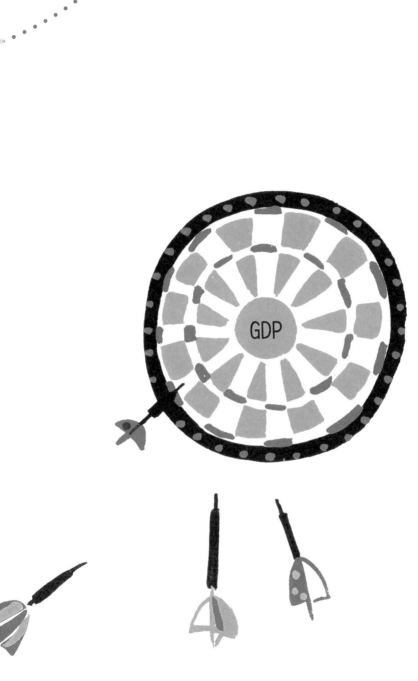

세계화가 빈곤을 몰아냈다고?

경제학자뿐 아니라 많은 사람들이 GDP에 신경 쓰는 이유는, 경제 성장이 가난을 비롯한 현대 사회의 수많은 문제를 효과적으로 해결할 수 있다고 믿기 때문이다.

경제가 성장하면 일자리가 많아지고 소득이 분배되어 사람들의 소비가 늘어나고 생활 수준이 높아진다. 활발한 경제 활동으로 만들어진 부의 일부는 근로자의 월급으로 쓰이고, 또 일부는 각종 세금을 통해 국가의 금고에 쌓인다. 때로는 투자에 쓰이기도 한다.

한 나라의 경제 활동을 케이크라고 가정해 보자. 케이크를 잘라서 국민 모두에게 잘 나누어 주어야 한다. 그런데 인구가 늘어나게 되면 케이크도 그만큼 커져야만 한다.

달리 말해 '경제가 성장하려면 더 많이 생산해야 한다!'는 것이다. 그러기 위해서는 경제라는 기계에 더 많은 원자재를 투입해 노동 생산성을 높여야 한다. 노동 생산성을 높인다는 말은, 더 효과적으로 일하는 방법을 찾아야 한다는 뜻이다.

경제학자들은 성장에 꼭 필요한 세 가지 요소로 '노동(사람이 하는 일)', '천연자원(석유, 석탄, 가스 등)', '자본(자재를 구입하거나 인력을 고용하는 데 필요한 돈)'을 꼽는다.

경제 활동을 할 때 서로 활발하게 상호 작용하는 네 가지 주체가 있다. 가계와 기업, 은행, 정부이다. '가계'는 한 집에서 살아가는 구성원들을 말한다. 가계는 노동 등을 통해 소득을 벌어들이고 소비를 한다. 다음으로 대기업과 중소기업 등의 '기업'이 있다. 기업은 재화와 서비스를 생산하고 판매한다. 그리고 '은행'이 있다. 은행의 주요 역할은 경제를 위해 재정을 확보하는 것, 즉 기업과 가계에 돈을 빌려주는 일이다. 마지막으로 '정부'가 있다. 경제학적 관점에서 보았을 때, 정부의 역할은 국민을 위해 공공 서비스—교육 체계나 의료 체계 등을 마련하는—를 생산하는 것이다.

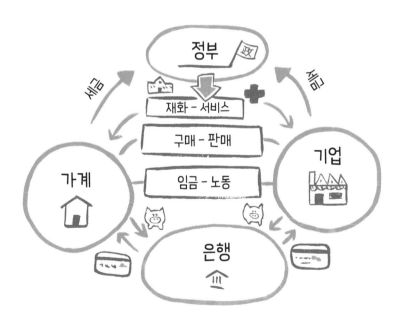

서양의 여러 국가들은 오랜 시간 세계 경제를 지배하다시피 했다. 특히 19세기 산업 혁명 이후로 그런 현상은 더욱더 두드러졌다. 그 시작은 크리스토퍼 콜럼버스가 1492년에 아메리카 대륙에 도착했을 때, 혹은 바스쿠 다가마가 1498년에 인도에 도착했을 때부터로 여겨진다.

그 시대에 그토록 머나먼 뱃길을 떠나게 된 건 다 경제적인 이유에서였다. 포르투갈, 에스파냐, 프랑스, 영국과 같은 유럽의 여러 나라들은 아시아에서 후추나 정향 등의 향신료를 들여오고 싶어 했다. 그 당시 유럽에서는 향신료가 엄청나게 비싼 가격에 거래되고 있었기 때문이다.

세계 여러 나라가 국제 협약을 맺고 활발하게 교역하게 된 것은 그로부터 한참 지나 1970년대 이후부터라고 볼 수 있다. 본격적인 '세계화'가 시작된 시기도 그때부터이다.

미국, 중국, 일본, 독일, 영국, 인도, 프랑스, 이탈리아, 캐나다, 한국.

사람들은 위에 나열된 국가의 이름을 보고 무엇을 먼저 떠올릴까? 이 나라들은 2021년도 GDP를 기준(세계 은행 보고서)으로 했을 때 세계 10대 경제 대국이다. 미국이 오랜 기간 1위를 달리고 있지만 몇몇 전문가들은 중국이 그 자리를 빼앗을 날이 얼마 남지 않았다고 전망하기도 한다. 실제로 중국의 GDP는 비약적으로 증가했다. 1980년에 3,050억 달러에 불과하던 GDP가 2017년에는 12조 7,250억 달러가 되었다. 불과 40년 사이에 37배나 늘어난 것이다.

이처럼 눈부신 경제 성장을 보여 준 나라는 중국만이 아니다. 인도, 브라질, 타이완도 놀랍도록 빠르게 성장했다. 이는 무엇보다도 '세계화'로 나타난 현상이다. 세계화가 빈곤을 몰아내는 데 단단히 한몫했다고 할 수 있겠다.

실감이 나지 않는다고? 지금 우리가 입고 있는 옷과 신발을 살펴보자. 대부분이 '메이드 인 차이나' 또는 '메이드 인 방글라데시'이다. 이처럼 국가 사이에 교역이 활발해지면서, 가난한 나라들도 산업이 발달하고 일자리가 늘어나 생활 수준이 높아지게 되었다.

그렇지만 세상 모든 곳이 세계화의 이익을 누리는 건 아니다. 아프리카 대륙은 풍부한 원자재(금, 다이아몬드, 우라늄, 천연가스, 석유 등)를 보유하고 있지만 지금도 썩 잘산다고 할 수 없다. 오죽하면 몇몇 경제학자들은 '천연자원의 저주'라고까지 부르기도 한다.

다른 나라에서 탐내는 천연자원, 그러니까 다이아몬드나 금을 많이 가진 나라일수록 값비싼 자원을 노리는 집단 또는 기업이 몰려와 쟁탈전을 벌이는 경우가 허다하다. 또 해당 지역의 정부나 기업이 부패하는 경우도 많다. 결과적으로 국민의 삶은 그다지 나아지지 않은 채, 천연자원을 채굴하는 과정에서 환경만 훼손되는 셈이다.

중국의 공장이 멈추면 애플이 영향을 받는다

세계화가 일자리를 없애기도 한다. 앞에서는 일자리가 늘어난다고 해놓고서 이건 또 무슨 말이냐고? 원리는 간단하다. 물건을 생산하는 입장에서는 비용을 아끼기 위해 임금이 낮은 국가로 공장을 옮기게 된다. 그러면 임금이 비교적 높은 국가들, 가령 유럽에서는 일자리가 줄어들게 되는 것이다.

세계화가 환경에 미치는 영향도 부정적이다. 상품이 만들어지는 곳과 소비되는 곳 사이의 거리가 멀면 멀수록 배나 비행기, 트럭을 이용한 수송이 늘어날 수밖에 없다. 그러면 그만큼 더 많은 배기가스가 발생한다.

코로나19 팬데믹은 세계화의 중대한 문제점을 명백히 보여 주었다. 세계화는 국가들이 지나치게 서로를 의존하게 만든다. 이를 가장 잘 나타내는 단어가 지구를 하나의 마을에 비유한 '지구촌'이다. 이제는 재화, 서비

세계의 공장, 아시아

스, 인력, 돈, 문화, 기술이 국경을 넘어 숨 가쁘게 이동한다. 그런데 그와 함께 질병도 이동한다. 전염병은 중국, 한국, 미국, 인도, 캐나다, 독일 할 것 없이 우리 모두 한 배에 타고 있다는 사실을 명백하게 보여 주었다.

게다가 중국에 자리 잡은 제약 회사의 공장이 생산을 중지하면 전 세계에서 아스피린이나 항생제를 구하기가 힘들어진다. 중국이 몇 년 사이에 소위 '세계인의 약 상자'가 되었기 때문이다. 흔히 사용되는 약들은 거의 다 중국에서 만들어지고 있다.

미국을 대표하는 기업인 애플에서 생산하는 제품들도 대부분 중국에서 생산된다. 그래서 중국의 공장들이 멈추면 애플의 경제 활동이 영향을 받는다. 브랜드 이미지에 문제가 생기는 건 물론이다.

현재 아시아로 공장을 이전했던 유럽의 여러 기업들이 코로나19 팬데믹 이후 유럽으로 재이전하려는 움직임을 보이고 있다. 세계화의 한계를 느꼈기 때문이라는 분석이 지배적이다.

유럽 연합

한눈에 쏙 들어오는 현대 경제사

18~19세기 : 산업 혁명

경제 성장이 언제나 그 자체로 목표였던 건 아니다. 아주 오랫동안 세계는 성장에 딱히 신경 쓰지 않았다. 경제는 인류를 그저 생존시키는 정도로만 조직되곤 했다. 사람들의 생활 수준도 사실상 거의 변하지 않았다.

그러다 18세기 영국에서 시작된 산업 혁명으로 상황이 확 바뀌었다. 기계의 사용과 기술의 발달로 더 많은 물건을 더 나은 조건에서 생산하자 산업화도 점점 더 속도를 내게 되었다. 근본적이면서도 지속적인 변화가 일어난 것이다. 예를 들어 18세기에 셰익스피어의 나라 영국에서는 기계로 실과 옷감을 생산하면서부터 면화 소비가 6,000퍼센트나 늘어났다.

1945~1973년 : 번영의 30년

제2차 세계 대전으로 세계 경제는 쑥대밭이 되었다. 식량은 부족했고, 교통망은 망가졌으며, 산업은 위축되었고, 상품의 가격은 미친 듯이 올랐다. 그러나 1945년부터 서양은 소위 '번영의 30년'이라고 부르는 풍요로운 시기를 맞이한다. 이 시기 여러 서양 국가들에서 공업이 눈부시게 발전했고, 곧 대량 소비가 시작되었다. 구매력이 월등히 높아졌고, 세탁기와 식기세척기 등 예전에는 없던 상품들이 등장하면서 일상생활이 편리해졌다. 서양의 여러 국가들은 놀라운 경제 성장률을 기록했다. 프랑스의 경우, 매년 5퍼센트씩 꾸준히 경제가 성장했다. 물론 용돈이 5퍼센트 올라 10만 원에서 10만 5천 원이 되었다고 대단한 변화처럼 느껴지진 않는다. 그렇지만 한 나라의 경제 성장률이 연간 5퍼센트, 그것도 몇 년 넘게 계속된다는 건 엄청난 일이다!

1973년 : 제1차 석유 파동

풍요의 시대는 1973년에서 갑자기 멈추었다. 석유를 생산하는 산유국들이 집중된 중동 지역에서 정치적 위기가 지속되면서 원유의 배럴당 가격(1배럴=159리터)이 뛰어오른 것이다. 1973년 10월 19일, 유가가 70퍼센트 급등했다. 산업화된 국가들의 경제는 유가에 의해 좌우되는 경우가 많다. (비행기, 트럭, 배, 자동차가 움직이는 데도, 난방을 하는 데도 석유가 필요하다. 또 석유는 플라스틱, 합성섬유, 페인트 등을 만드는 데도 쓰인다.) 유가가 오르면 연쇄적인 결과를 일으킨다. 물가가 오르고, 소비는 감소하고, 실업은 증가한다.

어쩌면 서양 국가들은 석유 파동의 충격에서 여태 완전히 회복하지 못했다고도 볼 수 있다. 이후 계속해서 경제 위기, 경기 침체, 완만한 경제 성장 사이를 왔다 갔다 하고 있기 때문이다.

/ **경제도 주기적으로 순환한다** · · · · · · · · · ·

경제학자들은 경제 역시 계절이 바뀌듯 '순환'한다고 이야기한다. 간단히 말하자면, 경제가 활발히 성장하다가 어느 순간 위기와 침체에 빠지고, 그러다 다시 살아나서 성장한다는 뜻이다.

경제 상황이 잠시 어려운 정도라면 '경기 둔화'라고 여기지만, GDP가 두 분기 이상 연달아 떨어지면 '경기 침체'라고 부른다.

세계 경제는 1950년대 이후로 두 번 경기 침체를 경험했다. 2007~2008년에 발생한 글로벌 금융 위기로 인해 2009년에 경기 침체를 겪었고, 2020년에 코로나19 팬데믹으로 경기 침체를 겪었다. 2020년에만 전 세계 GDP가 평균 6퍼센트 줄어들었다. 코로나19 팬데믹으로 인한 경기 침체의 여파는 지금까지도 계속되고 있다.

경제 성장이 낳은 불평등과 불균형

앞서 이야기한 사회적·환경적 위험 때문에 성장만 추구하는 숨 가쁜 경제 정책에 반대하는 목소리가 세계적으로 점점 높아지고 있다. 경제 성장만을 유일한 목표로 삼아서는 안 된다는 것이다.

이미 1972년에도 과학자, 재계 CEO, 정치인 등 세계 각국의 지식인들이 한자리에 모인 로마 클럽에서 '성장의 한계'에 대한 보고서를 발표하며

다가올 위험에 대해 경고했다. 보고서에는 경제와 인구의 성장이 천연자원을 고갈시키고 심각한 기후 변화를 초래하는 등 장기적으로 인류를 둘러싼 환경에 치명적인 영향을 미칠 것이라는 전망이 담겨 있다.

하지만 그때는 아직 이런 경고를 받아들일 준비가 되어 있지 않았다. 성장을 위해 앞만 보며 달리기도 바쁜데, 뚜렷한 징후도 없는 상황에서 어둡고 불길한 소식을 진지하게 받아들이고 싶지는 않았던 것이다.

그러나 시대가 바뀌었다. 우리는 하루가 다르게 악화되는 상황을 마치 라이브 방송마냥 생생하게 지켜보고 있다. 지구 온난화, 천연자원 고갈, 생물 다양성 붕괴는 이미 현실이 되었다.

북아메리카 대륙에 자리잡고 사는 조류(새무리)는 1970년 이후 25퍼센트 줄어들었다. 미세 플라스틱으로 인한 해양 오염이 주요 원인이다. 이처럼 현재 우리가 살아가는 성장 위주의 체제는 심각한 환경 문제들을 낳고 있다.

과연 미래에는 어떻게 될까? 2019년, 지구의 인구는 약 77억 명에 이르렀다. 2050년에는 97억 명, 2100년에는 100억 명을 넘어설 것으로 예상된다. 그럼 인구가 그렇게까지 불어난 후에도 지구에서 지금과 같은 생활이 가능할까?

"수십 년간 인류는 지구를 상대로 전쟁을 벌였고, 지구는 이에 꿋꿋이 맞섰다. 우리는 지금이라도 이 전쟁을 끝내야 한다."

-유엔 고등판무관 안토니오 구테레스의 경고, 2019

경제 성장은 수많은 빈곤층을 구제했지만 그만큼 심각한 불평등을 낳았다. 세계 곳곳에서 빈부의 격차는 점점 더 벌어지고 있다. 중산층의 소득은 제자리걸음을 하거나 되레 떨어지는 반면, 부자는 점점 더 큰 부자가 되어 간다.

"사회의 목표는 함께 행복해지는 것입니다."

-〈인간과 시민의 권리 선언〉, 1793년 6월 24일

2019년 말, 남아메리카에서 선진국으로 손꼽히는 칠레가 겪은 심각한 사회적 위기는 성장만을 목표로 한 경제 시스템의 한계를 명확하게 보여 준 사례라고 할 수 있다. 2019년 10월, 칠레 정부는 지하철 요금을 30페소(우리나라 돈으로 50원) 올리겠다고 발표했다. 그러자 학생들을 중심으로 지하철 요금을 내지 않고 개찰구를 통과하는 시위가 벌어졌고, 곧 1백만 명이 참여하는 칠레 역사상 최대 시위로 번지게 되었다.

칠레의 경제는 수년간 꾸준히 성장했고, 2019년에도 3퍼센트 성장을 기록했다. 그런데 이런 성장에도 불구하고, 정부가 발표한 지하철 요금 인상안만으로 칠레 전국에 걸쳐 전례 없는 저항의 물결이 일어난 것이다. 그만큼 사회적 불평등이 심각했기 때문이다.

"30페소가 아니라, 30년이 문제다!"

당시 칠레 시민들이 외친 구호는 오랜 시간에 걸쳐 심화된 경제적 불평등을 적나라하게 보여 준다.

물론 세계에서 가장 경제가 발달한 나라들조차 성장의 열매가 골고루 분배된다고 보기는 힘들다. 손꼽히는 선진국들로 구성된 '경제 협력 개발 기구(OECD)' 회원국에서도 가계 소득의 상위 10퍼센트가 전체 부의 52퍼센트를 차지하는 반면, 하위 60퍼센트는 고작 12퍼센트를 나눠 갖는 데 그친다.

시장 경제의 네 가지 특징

시장 경제는 유럽, 미국, 일본, 오스트레일리아 등 선진국에서 채택해 오랫동안 유지되어 온 경제 체제이다. 사실상 지금은 전 세계에 두루 퍼져 있다. 시장 경제의 주요한 특징은 다음 네 가지로 정리할 수 있다.

① **개인의 자유** : 개인이 자유롭게 직업을 선택하고, 자신이 원하는 것을 구매할 수 있다.

② **가격** : 가격은 수요와 공급이 결정한다. 일반적으로 어떤 상품의 가격이 떨어지면 자연스럽게 수요가 증가하게 된다. 스마트폰을 예로 들어 보자. 최신 스마트폰의 가격이 내려가면 사고자 하는 사람들이 늘어나게 된다!

③ **이익** : 개개인의 경제 주체들은 자신이 소유하고 있는 생산 수단으로 경제 활동에서 얻는 이익을 극대화하려고 노력한다.

④ **경쟁** : 모든 영역에서 경쟁은 소비자가 선택할 수 있는 폭을 넓혀 준다.

지속 가능한 개발, 녹색 성장

지금 두 진영이 상반된 입장을 취하고 있다. 다수를 차지하는 진영은 경제 성장을 절대적인 목표로 여긴다. 오로지 성장에 도달하는 방법만을 고민할 뿐이다.

반면에 소수의 다른 쪽 진영에서는 '지속 가능한 개발'이라고 불리는, 이른바 '녹색 성장'을 주장한다. 녹색 성장이란, 경제 성장을 목표로 삼되 환경 보존과 사회의 안녕을 함께 고민하고 행동에 나서는 방식을 말한다.

생산과 소비의 방식을 바꾸기 위해 시도해 볼 수 있는 방법은 제법 많다. 온실가스를 줄일 수 있는 기술과 재생 에너지 개발, 단열과 방음이 뛰어난 주거 환경 조성, 차량 공유 시스템과 전기 자동차 활성화, 재활용 강화와 쓰레기 줄이기, 숲 지키기, 육류 소비 줄이기……. 다양한 방식들이 이미 시행 중이거나 개발 단계에 있다.

구체적으로 행동할 수 있는 방법까지 이미 밝혀져 있지만, 과연 전 세계적으로 모든 경제 주체가 그렇게 행동할 준비가 되어 있을까? 2020년 1월, 다국적 회계 감사 기관인 '프라이스워터하우스쿠퍼스(PwC)'는 1,600개 기업 대표들을 대상으로 실시한 설문 조사 결과를 발표했다. '지구 온난화'는 기업 대표들이 생각하는 '2020년 세계 경제 열 가지 위험 요인'에 아예 들지도 못했다.

어떤 경제학자들은 우리가 녹색 경제를 추구한다고 할지라도 결국은 막다른 벽에 부딪힐 것이라고 말한다. 경제 규모를 차차 축소하든지, 아니면 시스템을 아예 바꾸는 것만이 우리가 살 길이라는 것이다. 이들은 사회가 함께 잘살기 위한 조건이 경제 성장에만 있다는 생각을 버리고 삶의 질을 최우선으로 고려해야 한다고도 주장한다.

몇 가지 대안도 함께 제시했다. GDP를 높이기보다는 불평등을 완화하기 위해 부를 공정하게 재분배한다든가, 노동 시간을 줄여서 더 많은 사람에게 일자리를 제공한다든가, 인구 증가를 억제하기 위해 출산율을 조정하는 정책을 마련한다든가, 과한 소비를 줄인다든가 등등. 성장보다는 조화와 분배에 초점을 맞춘 방법들이라고 하겠다.

그레타 툰베리(2003 ~ 현재), 스웨덴 환경 운동가

과학자들은 2020년 1월, 다보스 세계 경제 포럼에 참석한 정계와 재계의 지도자들에게 지구 온난화는 현실이므로 더 이상 외면해서는 안 된다고 호소했다. 어쨌든 앞으로 십 년간 정치계와 경제계의 지도자들이 내리는 결정이 지구의 미래, 그리고 당연히 우리 인류의 미래에 결정적인 영향을 미칠 것이다.

세계 경제는 꾸준히 성장했지만 지구상에는 아직도 굶주림에 시달리는 사람들이 많다. 유엔은 2015년에 빠른 시간 내에 세계 식량 부족 문제를 해결하겠다는 당찬 목표를 세웠지만, 2020년 7월에 코로나19 팬데믹에 따른 경기 침체 때문에 2030년까지 목표를 달성하기 어려울 것이라는 어두운 전망을 발표했다.

지금도 굶주리거나 영양 부족 상태에 시달리는 인구는 결코 적지 않다. 2020년 한 해에만도 식량 부족 문제로 고통받는 인구가 약 8천만 명에서 1억 3천만 명으로 크게 늘어났다.

경기 침체, 팬데믹, 식량 부족, 지구 온난화……, 이대로는 지구촌에서 두 발 뻗고 편히 살 수 없을 것만 같다!

경제 성장은 지구 온난화에 어떤 영향을 미칠까?

제2장

소비 욕구를
자극하는 사회

우리는 살아가는 동안 매일매일 꼭 필요한 것이든 그렇지 않은 것이든 선택하고 소비한다. 최신 무선 이어폰이나 운동화를 사기도 하고, 친구를 만나 밥을 사 먹기도 하며, 영화를 보러 가기도 한다. 그런데 몇 년 전부터 소비 행동 패턴이 변하기 시작했다. 소비자들이 구매하려는 물건의 재료나 성분에 더욱 신경 쓰게 되었고, 인터넷을 이용해 더 똑똑한 소비를 하려는 경향이 나타났다. 그리고 우리의 소비가 지구 온난화에 미치는 영향에 대해 점점 더 깊이 고민하기 시작했다.

인간은 '과' 소비하는 동물?

현대 사회의 두드러진 특징 중 하나는 소비가 사람들의 삶에서 매우 중요한 자리를 차지한다는 점이다. 비단 산업화된 나라들에서만 그런 게 아니다.

'소비 사회'라는 말은 1950~60년대에 미국의 경제학자 존 케네스 갤브레이스가 처음 사용한 표현이다. 제2차 세계 대전이 끝난 후, 산업화된 국가들은 놀라운 경제 성장을 경험했다. 나중에 이때를 돌아보며 '번영의 30년'이라고 부르게 될, 그야말로 풍요의 시대였다.

일하고 싶어 하는 사람은 누구나 일자리를 구할 수 있었고, 늘어나는 임금과 함께 구매력도 한층 빠르게 높아졌다. 이제 소비자들은 생활을 편리하게 만드는 세탁기 등 가전제품은 물론, 부유함의 상징인 자동차도 소유하게 되었다. 여러분의 할아버지와 할머니께—어쩌면 부모님도 아실지 모른다!—언제 처음으로 세탁기, 텔레비전, 냉장고를 집에 들이게 되었는지 여쭈어 보자. 아마도 그 시절을 매우 감동적으로 회상하시지 않을까?

이런 최신 상품들은 갈수록 가정에서 점점 더 중요한 자리를 차지했고, 사람들은 행복이 곧 소비인 것처럼—새로 산 옷으로 가득한 옷장이 곧 성공의 표시인 양—착각에 빠졌다.

여기서 잠깐 **편의점에서 요구르트를 하나 사 먹으면?**

소비란, 사용하고 나서 즉각적으로 또는 차차 시간을 두고 사라질 재화나 서비스를 이용하는 행위를 말한다. 조금 어렵게 느껴진다고? 그러면 한 가지 예를 들어 볼까?

우리가 편의점에서 요구르트를 하나 사 먹으면 우리 몸은 만족감을 얻지만, 요구르트라는 재화(사람이 원하는 걸 충족시키는 물건)는 곧 사라지고 만다. 즉, 소비는 '소득 중에서 저축 외의 모든 것'이라고 할 수 있다.

오스트리아의 정신분석학자 지그문트 프로이트(1856~1939)는 이렇게
이야기했다.

"새로움은 쾌락의 한 요소이다."

지금 이 시각에도 다양한 상품들이 상점의 진열대에서 우리의 시선을
끈다. 현란한 광고가 끝없이 우리의 구매 욕망을 자극한다. 1950년대에
현대 미술의 상징과도 같은 새로운 미술 사조인 '팝 아트'가 탄생한 것도
'소비 지상주의'가 널리 퍼져 있었기 때문이다.

대량 생산과 대량 소비가 가능한 팝 아트는 소비 사회의 부정적인 면을
비추는 거울과도 같다. '과소비'가 대표적이다. 특히 미국에서 시작된 '블

랙 프라이데이(대대적인 할인 행사가 동반된 연말 쇼핑 시즌의 첫날)'는 그 이면에 깔려 있는 생각, 그러니까 필요 이상으로 소비를 해야 한다는 욕망을 잘 보여 준다.

실제로 현대 사회는 우리에게 꼭 필요하지 않는 걸 자꾸 소비하도록 유도한다. 패션업계에서는 이십여 년 전부터 소비자의 구매 욕구를 자극하기 위해 신상품을 선보이는 속도가 점점 더 빨라지고 있다. 그래서 '패스트 패션'이라는 말이 유행하기에 이르렀다. 패스트 패션은 아직 입을 수 있는 옷을 버리고 새것을 사게 만든다. 유행이 너무 빨리 바뀌어서 멀쩡한 옷이 금세 촌스러워 보이기 때문이다.

게다가 할인 행사는 왜 그리 자주 하는 것일까? 이유는 간단하다. 무슨 수를 써서라도 소비자가 사고 싶다는 마음이 들게 만들어야 하니까.

어떤 기업들은 일부러 제품을 오래 쓰지 못하게 만들기도 한다. 이런 수법은 미국에서 처음 등장했다. 1929년, 대공황을 겪은 기업들이 제품의 수명을 줄여 소비자가 새것을 사게끔 유도하면서 시작된 것이다. 전구, 아이팟, 프린터 등등, 최근에는 소비자들도 이런 기업들의 꼼수를 막는 방법을 적극적으로 공유하는 추세다. 그럼에도 불구하고 대부분 아찔한 경험을 한 번씩은 하게 된다. 어느 날 갑자기 스마트폰이 이유도 없이, 혹은 업데이트만 했을 뿐인데 먹통이 되어 버리는……, 그런 상황 말이다.

끝없이 계속되는 소비 욕구

　인간에게는 여러 가지 욕구가 있다. 경제학자들은 인간의 다양한 욕구를 크게 세 가지로 분류한다.

　가장 일차적이고 기본적인 욕구는 입고, 먹고, 자는 것과 밀접한 '의식주의 욕구'이다. 그다음으로 이차적 욕구는 '사회적 욕구'이다. 여행하고, 배우고, 이동하고, 신체 활동을 하고자 하는 욕구를 말한다. 달리 말하면 '즐거움을 얻고자 하는 욕구'라고도 할 수 있겠다. 마지막으로 삼차적 욕구는 '사치의 욕구'라고 부른다. 주로 돈이 많은 사람들에서 볼 수 있는데, 무인도를 사서 자신만의 별장을 짓는다든가, 값비싼 장신구를 사 모은다든가 하는 식의 행동으로 나타난다.

삼차적 욕구

이차적 욕구

일차적 욕구

나는 소비한다. 고로 나는 존재한다!

소비는 경제가 활발해지도록 만드는 역할을 한다. 경제학자들은 소비가 늘지 않으면 경제 성장이 불가능하다고 여긴다. 가계의 소비가 줄어들면 경제라는 기계는 고장이 난다나? 2020년에 유행한 코로나19 팬데믹이 이 사실을 확인시켜 주었다. 소비가 멈추자 경제 활동 전체가 고장이 나 버렸다. 그래서 소비를 '성장 동력'이라고도 부른다.

소비는 국가의 재정 창고를 채우는 주요 수단이기도 하다. 우리가 어떤 상품이나 서비스를 구매하면, 그중 일부가 세금인 '부가 가치세'로 정부의 수입이 되기 때문이다. 우리나라(1977년에 실시)를 포함한 전 세계 거의 모든 국가가 부가 가치세 제도를 시행하고 있다.

소비가 중요한 이유는 더 있다. 우리는 늘 다른 사람들의 시선 속에서 살아간다. 따라서 소비는 중요한 사회적 행위이기도 하다. 현대 사회에서 소비는 사회생활에 참여하고 자기 자신을 표현하는 하나의 수단이다. '나는 소비한다. 고로 나는 존재한다.'라고 할까?

우리가 입는 옷이나 우리가 쓰는 물건이 우리를 남들과 구별 짓거나 우리가 어떤 집단에 속해 있는지를 알려 준다. 남들에게 내보이는 이미지가 무엇보다 중요한 시대가 되었다. 젊은 세대일수록 더 그런 데다, SNS가 활성화된 후로는 더더욱 그렇다.

실물보다 잘 나온 자신의 사진을 인스타그램이나 페이스북에 한 번도 올린 적 없는 사람은 손을 번쩍 들어 보자! 원래 있는 줄도 몰랐던 물건을

SNS를 통해 알게 된 후 사고 싶어졌던 경험이 얼마나 많은지, 또 유튜브에서 '유명인'으로 통하는 이름을 몇 개까지는 쉽게 댈 수 있는지 생각해 보자! 물론 그렇지 않은 사람도 있겠지만.

최근 몇 년 사이에 수십만, 수천만 명의 팔로워를 거느린 인플루언서들이 시대의 아이콘이 되었다. 그들의 패션, 메이크업, 직업, 일상을 눈여겨보는 사람들의 수는 헤아릴 수 없이 많다. 십 대에서 이십 대 초반의 사람들은 대부분 새로운 상품이나 브랜드를 인플루언서를 통해 접한다고 한다.

유명 브랜드들 역시 이 사실을 누구보다 잘 알고 있다. 그래서 인플루언서를 통한 광고를 대폭 늘리는 대신, 젊은 사람들은 잘 보지 않는 텔레비전 광고에는 전처럼 돈을 많이 쓰지 않는다.

여기서 잠깐
확 달라진 소비 패턴

최근 수십 년 사이에 사람들의 소비 패턴은 상당히 많이 변화했다. 반세기 전에는 옷, 음식, 가전제품, 그 외 여러 공산품 구매에 수입의 대부분을 지출했다. 여가 활동, 오락, 여행, 이동 등에 그리 많은 돈을 쓰지 않았다.

반면에 지금은 가계 소득 중에서 옷과 음식에 대해 지출하는 비용이 그리 크지 않다. 대신 주거, 교통수단, 의료, 여가, 통신 등에 많은 돈을 지불한다.

백화점의 탄생

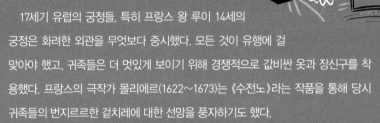

'소비 사회'는 앞서 말한 '번영의 30년'과 함께 등장했다. 그렇지만 소비의 역사를 살펴려면 17세기 초까지 거슬러 올라가야 한다.

17세기 유럽의 궁정들, 특히 프랑스 왕 루이 14세의 궁정은 화려한 외관을 무엇보다 중시했다. 모든 것이 유행에 걸맞아야 했고, 귀족들은 더 멋있게 보이기 위해 경쟁적으로 값비싼 옷과 장신구를 착용했다. 프랑스의 극작가 몰리에르(1622~1673)는 《수전노》라는 작품을 통해 당시 귀족들의 번지르르한 겉치레에 대한 선망을 풍자하기도 했다.

18세기를 지나 19세기에 들어서면서 중산층 시민인 부르주아 역시 새로운 것을 추구하기 시작했다. 이들은 귀족 계층과는 사뭇 다른, 새로운 소비 성향을 드러내었다. 1852년, 아리스티드 부시코는 프랑스 파리에 세계 최초의 백화점인 '봉 마르셰'를 열었다.

부르주아 계층은 백화점의 우아한 유리 건물 안에서, 화려한 진열대로 가득한 통로를 이리저리 누비며 해방감을 느꼈다. 이제 사람들은 다양한 상품을 구경하거나 만져 보고, 또 직접 착용해 보기도 하면서 원하는 물건을 얼마든지 구매할 수 있게 되었다. 이런 유행의 시대를 겪은 프랑스의 대문호 에밀 졸라는 자신의 작품에 이런 문장을 남겼다.

"우리는 팔 수 있을 때 원하는 것을 팝니다! 그것이 우리의 승리 비결이지요."

-에밀 졸라(1840~1902), 《여인들의 행복 백화점》 중에서

주체적인 소비 또는 책임 있는 소비

우리가 대형 마트에서 쇼핑을 하는 행동이 사회에 뭔가 영향을 미칠 수 있을까? 정답은 '있다!'이다. 예를 들어 특정 브랜드의 과자만 산다든가, 겨울에는 딸기를 사지 않는다든가 하는 행위 하나하나가 대통령 선거에서 행사하는 투표와 같은 효과를 발휘한다.

이런 생각을 하고 있다면, 혹은 한 번쯤 행동에 옮긴 적이 있다면 여러분은 자신이 주체적 소비자 또는 책임 있는 소비자라는 사실을 이미 깨닫고 있는 셈이다. 몇 년 전부터 이러한 소비자들이 점점 늘어나면서, 소비 사회에 새로운 움직임이 감지되고 있다.

'책임 있는 소비', '지속 가능한 소비'도 이러한 현상을 가리키는 단어이다. 전 세계적으로 이십 대에서 삼십 대를 중심으로 비슷한 현상이 점점 확산되고 있다. 지구와 인류의 안녕을 고려하는 동시에, 경제적으로 현명한 소비를 하고자 하는 것! 무조건 소비를 하지 말자는 게 아니다. 소비를 줄이려는 노력도 해야겠지만, 근본적인 취지는 다른 방식으로 소비를 하자는 얘기다.

그럼 주체적인 소비는 어떤 방법으로 할 수 있을까? 새로운 방식의 소비에 대해 알아보도록 하자!

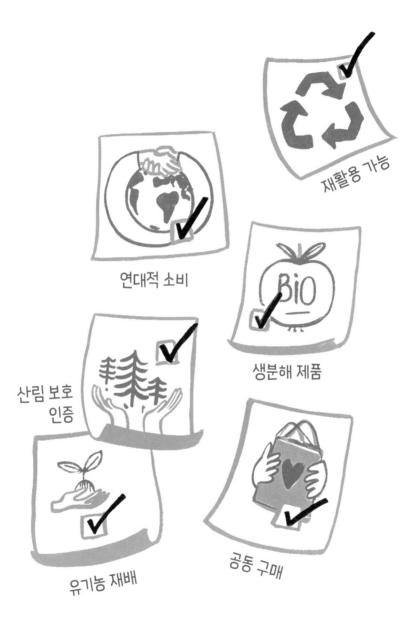

재활용 가능

연대적 소비

생분해 제품

산림 보호
인증

유기농 재배

공동 구매

☑ 제품 정보 제대로 확인하기

화장품에 해로운 성분이 들어가거나, 농산물에 농약이 남아 있거나, 아기가 먹는 분유에서 살모넬라균이 검출되거나, 덜 익힌 고기로 햄버거를 만들거나 등등 우리 건강을 위협하는 사건들을 종종 접할 수 있다.

사실 안전을 위협하는 굵직굵직한 사고는 끊이지 않는다. 그러므로 우리가 소비하는 상품을 무조건 신뢰해서는 곤란하다. 쉽게 구매할 수 있는 물건들이 과연 우리 건강에도 좋은 걸까? 포장지에 쓰여 있는 설명을 그대로 믿어도 될까? 정말로 아무 위험 없이 사용할 수 있을까?

최근에 여러 가지 경험을 하게 되면서 우리가 구입하는 상품과 그 상품을 만드는 회사를 경계하게 되었다. '항상 좋은 물건만 만드는 건 아닐 수도 있어.'와 같은 의심을 품게 되면서 소비자들의 행동이 변하기 시작한 것이다. 소비자들은 상품의 성분이나 원산지를 표기한 정보에 더욱 주의를 기울이고, 이제는 유기농 상품이나 생산자 직거래 상품을 더 좋아한다.

또 최근에는 소비자들이 식품, 의류, 화장품에 대한 올바른 정보를 제공하는 어플리케이션을 이용하는 빈도도 늘고 있다. 예를 들어 어플리케이션을 열고 비누 포장지나 시리얼 상자의 바코드 또는 QR 코드를 찍으면, 그 상품의 모든 성분을 속속들이 알 수 있다.

☑ 디지털 혁명 시대에 맞게 소비하기

디지털 혁명이 일어나면서, 소비자는 소비라는 기술의 전문가가 되었다. 이제 세계 어디서나 클릭 한 번으로 신속하게 상품을 구매할 수 있다. 소비는 대륙과 국가를 가리지 않고 전 지구적으로 확대되는 추세이다.

이제는 클릭 한 번으로 상품 가격을 비교하고, 중고 상품을 구하고, 상품 구매 후기를 찾고, 다른 사람과 상품이나 서비스를 교환할 수 있다. 또 인터넷은 '협력 소비' 및 '공유 경제'의 등장에도 이바지한다. 지금은 자동차나 자전거를 소유하고 있지 않더라도 필요할 때 온라인을 통해 손쉽게

빌려 쓸 수 있다.

대표적인 예로 자전거 공유 시스템을 들 수 있다. 여러분이 자전거로 도시의 한쪽 끝에서 다른 쪽 끝으로 이동하려고 한다. 요즘은 굳이 자전거를 갖고 있지 않더라도 전혀 문제가 되지 않는다. 자전거 공유 어플리케이션에 가입해서 본인 인증만 하면, 저렴한 이용료로 자전거를 빌려 탈 수 있으니까.

☑ 환경을 생각하는 소비 방식 찾기

주변을 한번 둘러볼까? 혹시 더 이상 비행기를 이용한 여행은 하지 않겠다고 결심한 사람들을 찾아볼 수 있을지도 모른다. 아니면 팜유가 들어간 초콜릿을 불매하거나 고기를 먹지 않기로 결심한 사람도 있을 수 있다.

이처럼 우리의 소비가 환경에 미치는 영향에 대해 고민하는 사람들이 점점 늘어나고 있다. '기후 변화 정부 간 협의체(IPCC)'는 2019년에 발표

한 보고서에서 다음과 같이 분명히 밝히고 있다.

"기업화된 농업과 축산업은 우리의 농토에 전례 없는 타격을 입혔다."

전부 다 바꾸진 못하더라도 정치계에서 먼저 나서서 지구를 보호하는 방향으로 결단을 내려야 한다. 소비자 역시 소비자로서의 역할을 다해야 한다. '환경을 생각하는 소비'를 선택하는 방식으로 말이다.

우리는 학교, 가정, 직장에서 '지속 가능한 개발(환경 보호, 책임 원칙, 연대 등)'이라는 가치를 실현할 수 있다. 대부분 일상적인 일이다! 쓰레기를 바르게 분리수거하고, 사용하지 않는 가전제품의 전원을 끄고, 자전거와 대중교통을 이용하고, 종이를 아끼고 등등. 이처럼 단순하면서도 환경과 사회에 도움이 되는 행동들은 수없이 많다.

또 구입하는 물건에 더 큰 주의를 기울일 수도 있다. 부모님이 저녁 찬거리로 사 온 생선이 대량 어획으로 급격히 수가 줄어들고 있는 물고기는 아닌지, 우리가 사고 싶어 했던 전자 기기가 전기를 너무 많이 소모하는 제품은 아닌지…….

우리의 선택들이 모이고 모이면 기업들이 더 친환경적인 상품을 생산하게끔 자극할 수 있다. 이미 몇몇 기업들은 제품의 수명을 늘리고, 재활용 가능한 포장지만 사용하고, 제품에 탄소 발자국(제품의 생산에서 폐기까지 환경에 미치는 정도를 표시한 지수)을 표시하는 등 적극적인 행동에 나서고 있다.

탄소 발자국을 줄이는 소비에는 무엇이 있을까?

제3장

디지털 혁명 시대의 노동 가치

　대부분의 사람들에게 노동은 생계를 유지하기 위해 감당해야 하는 벅찬 의무이다. 그렇지만 어떤 일을 해내기 위해 오랜 시간 공부하거나 기술을 연마한 사람에게는 노동 자체가 자아실현의 수단이기도 하다. 의무든 자아실현이든 사람들의 삶은 노동을 중심으로 돌아간다. 따라서 일을 하고 싶은데 일자리를 얻지 못하게 되면 극심한 소외감을 느낀다.

경제적 가치가 있는 노동

경제학적 관점에서 노동은 자본, 토지와 더불어 '생산'의 세 가지 요소 중하나이다. 노동 없이는 재화와 서비스를 생산할 수 없다. 그렇다고 노동이임금이나 요금을 대가로 받는 일, 그러니까 근로자와 자영업자의 노동만 의미하는 건 아니다. 당장 임금을 받지 않는 가사 노동이나 비영리 단체에서행하는 자원봉사에 해당하는 노동도 엄연히 경제적 가치가 있는 노동이라고 할 수 있다.

우리는 왜 일을 할까?

　이른 아침, 알람이 울린다. 성인 대다수는 매일 아침—주말 또는 공휴일을 제외하고—출근을 한다. 이들이 사무실에서, 공장에서, 밭에서 열심히 일하는 이유는 크게 세 가지로 나눌 수 있다. 생계를 책임지고, 사회적인 활동을 유지하며, 다른 사람들에게 인정받기 위해서이다.

　가능하면 자신이 흥미롭게 여기는 일을 선택했을 때 자율성을 기를 수 있을 뿐 아니라 적극적으로 나서서 다양한 경험을 하게 될 확률이 높다. 제빵사, 마케팅 전문가, 미용사, 기자, 건축가, 비서, 회계사, 도색 전문가…… 세상에는 정말로 다양한 직업이 존재한다! 어릴 때는 어디서 무엇을 공부해야 원하는 일을 할 수 있을지 고민하지만, 성인이 된 후에는 누군가를 만나게 되면서 직업의 실마리를 얻는 경우가 많다. 물론 어떤 일을 하게 되는 계기가 한두 가지로 딱 정해져 있는 건 아니다.

　여기서 주의할 점! 이제 우리는 어떤 일이든지 간에 지나치게 긴 시간의 노동을 하나의 '예속' 상태로 여긴다. 고대 시대 노예들 또는 중세 시대 신분제에서 최하위 계층인 하인이 도맡았던 노동을 떠올려 보자. 신체적으로 한계에 이를 정도로 고되거나 시간을 많이 잡아먹는 일이 대부분이었다. 시간이 흐르면서 노동의 강도와 시간은 점차 줄어들었고, 지금도 그러한 추세다.

노동의 내용 역시 시대에 따라 상당히 변해 왔다. 이백여 년 전만 해도 농사를 짓는 농사꾼이 인구의 대다수를 차지했지만, 그 후로 유럽을 중심으로 공장에서 일하는 노동자들이 폭발적으로 늘어났다. 그다음으로 서비스업의 비율이 점차 증가했고, 지금은 인구의 대다수가 서비스업을 중심으로 경제 활동을 하고 있다.

여기서 잠깐 / 1차·2차·3차 산업의 분류

1947년, 영국의 경제학자 콜린 클라크가 산업을 분류하는 체계를 만들었다. 그 후 모든 기업은 활동의 종류에 따라 다음과 같이 분류된다.

1차 산업 : 땅을 일구는 농업, 그 외 자연에서 얻을 수 있는 것을 획득하는 어업, 축산업 등이 해당된다.

2차 산업 : 원자재 가공업, 제조업, 건설업, 공예 등이 해당된다.

3차 산업 : 은행, 보험, 미용, 교육, 미술관, 식당, 호텔, 부동산 중개, 의료, 관광, 기업 설비 등 일반적인 서비스업이 해당된다.

이런 경향은 전 세계적으로 더욱 두드러지는 추세이다. 2006년에는 인류 역사상 처음으로 서비스업의 비중이 농업을 넘어선 것으로 추정된다.

디지털 혁명으로 노동의 형태가 바뀌다

이제 컴퓨터와 인터넷이 없는 세상은 상상하기 힘들다. 어쩌면 그런 세상은 이제 공상 과학 영화, 아니 재난 영화에나 등장하는 이야기라고 여겨진다. 그렇지만 지금처럼 인터넷 세상이 된 건 그리 오래되지 않았다. 여러분의 부모님 세대에 해당되는, 특히 1970년대에 태어난 세대라면 이를 생생하게 기억할 것이다. 역사상 처음으로 개인용 컴퓨터를 업무에 사용한 세대니까.

개인용 컴퓨터의 초기 모델은 1970년대 말, 1980년대 초에 등장했다. 그로부터 짧은 시간이 흐른 뒤 인터넷도 사용할 수 있게 되었다. 하지만 초기에는 대학교수나 과학자 등 소수의 연구자들만 사용했고, 개인용 컴퓨터가 대중에게까지 본격적으로 확대된 건 1989년부터였다. 수억 개가 넘는 각종 사이트를 넘나드는 지금으로선 상상하기 어렵겠지만, 1992년만 해도 인터넷 사이트는 단 여섯 개뿐이었다!

그 후 인터넷은 무서운 속도로 퍼져 나갔다. 이제 노동에도 새로운 혁명, 일명 '디지털 혁명'이 일어나서 급속도로 변화하는 중이다. 전문가들은 디지털 혁명으로 일어날 변화가 19세기 영국에서 시작되어 전 지구적

인 변화를 몰고 왔던 '산업 혁명'을 넘어설 것으로 예상하고 있다.

대대적인 변화의 가장 큰 이유는 '노동 방식'의 변화이다. 앞으로는 노동자가 더 자율적으로 일하게 될 것이다. 우리는 거의 항상 인터넷에 접속한 상태일 것이기에 직장 생활과 사생활의 경계가 흐려질 수도 있다.

근로자의 위상은 이전보다 더 불안정해지고 재택근무나 원격 근무의 비중이 점점 높아질 것이다. 여기에 코로나19 팬데믹으로 인해 컴퓨터를 갖추고 인터넷이 연결된 각자의 집에서 회사 업무를 보는 경향은 더욱더 늘어났다.

학생들도 마찬가지다. 코로나19의 확산으로 등교가 힘들어지자 원격 수업으로 학업을 이어 간 경험을 대부분 공유하고 있을 것이다.

이로써 전 세계 많은 사람들이 함께 일하거나 중요한 회의를 하기 위해 시간과 돈을 들여 지구 반대편 끝까지 이동할 필요가 없어졌다. 원격으로 진행하는 회의나 강연도 충분히 효과적이라는 걸 직접 확인했으니까.

나중에 어떤 직업을 갖고 싶니?

미래의 직업들이 이제 겨우 등장하는 시점에 어떤 직업을 갖고 싶다고 선뜻 대답하기란 쉽지 않다. '세계 경제 포럼' 보고서에 따르면, 2016년에 초등학교에 입학한 아이들 중 65퍼센트는 아직 존재하지 않는 직업—달리 말하면, 앞으로 생겨날 직업—에 종사하게 될 것으로 전망했다.

19세기에서 20세기로 넘어올 무렵, 프랑스 일러스트레이터인 코트와 빌마르는 '서기 2000년에 인류는 어떤 모습으로 살게 될까?' 하는 상상을 펼쳐 그림을 그렸다. 그림에는 소방관이 날아다니고, 특수 모자를 쓰면 모르던 지식을 얻게 되고, 빗자루 로봇이 스스로 청소를 하는 편리한 세상이 등장했다.

그렇다면 지금부터 백 년 후의 세상을 상상한다면 어떤 그림을 그려 볼 수 있을까? 확실한 예상은 어렵지만, 한 가지 분명한 건 기술이 빠르게 발전하면서 눈 깜짝할 사이에 새로운 기술이 기존의 기술을 밀어낼 거라는 사실이다.

스마트폰을 예로 들어 보자. 이십 년 전만 해도 스마트폰이 무엇인지는 물론, 이런 존재를 상상하는 사람조차 거의 없었다. 그런데 지금은 어떠한가? 스마트폰 없이 살아 보라고 하면 받아들일 수 있는 사람이 과연 얼마나 될까?

인공 지능은 우리를 더 행복하게 만들까?

　디지털만 노동을 변화시키는 건 아니
다. 인공 지능으로 인한 변화 역시 이미
시작되었다.

　의사들은 인공 지능를 이용해 병을
진단한다. 농부들은 인공 지능을 이용
해 농약이나 비료를 얼마나 뿌려야 할
지 알아낸다. 자동차 공장에서도 사람
이 하던 일을 로봇이 대체하고 있다. 상점
에도 자동 계산대가 설치되면서 일자리가 줄어들었
다. 심지어 전쟁터에도 인공 지능 드론이 출동한다.

　여러 연구 결과가 하나의 공통적인 결론을 내리고 있다. 2030년, 다시
말해 가까운 미래에 현재 사람들이 종사하는 직업의 45퍼센트가 사라질
거란다. 이렇게 인공 지능 로봇이 사람의 일을 대신하게 되면 실업률이
높아지게 될까? 많은 사람들이 궁금하게 여긴다. 대다수가 일을 하고 싶
어도 하지 못하는 사회가 될까? 아니면 더 빠르고 효율적으로 일을 하게
될까? 인류는 하고 싶지 않은 일을 수천 번 반복하는 대신, 새로운 능력을
계발하게 되지 않을까?

　급격한 변화는 새로운 기회와 위험을 모두 품고 있다. 새로운 건 두
려움을 불러일으키기 마련이다. 과거에도 이런 사례는 수없이 많았다.

1589년에 영국 여왕 엘리자베스 1세는 편물기, 즉 양말 짜는 기계를 발명한 윌리엄 리에게 특허권을 주지 않았다. 왜냐고? 그 시대에는 양말을 전부 직접 손으로 짰기 때문이다. 여왕은 리의 발명품이 편물 산업의 근간을 뒤흔들 거라고 생각했다.

> "딱한 나의 백성들이 그 발명품으로 겪게 될 일을 생각해 보라. 틀림없이 일자리를 잃고 도탄에 빠질 것이다."

이처럼 위대한 기술에서 비롯된 변화가 고용, 즉 노동 시장을 뒤엎을 수도 있다는 사실을 여러 차례 보여 주었다. 그렇지만 새로운 직업 역시 변화와 함께 탄생하기 마련이다.

18세기에 등장한 천을 짜는 기계인 '방직기'를 예로 들어 보자. 방직기 때문에 손으로 천을 짜던 수많은 노동자들이 일자리를 잃었다. 역사적으로 분명한 사실이다. 하지만 방직기가 방직 산업 자체를 이전에는 결코 상상할 수 없었던 거대한 규모로 키웠다는 것 역시도 틀림없는 사실이다.

그렇다면 지금 현재 진행 중인 변화는 우리에게 긍정적인 영향을 미칠까? 아니면 부정적인 영향을 미칠까? 미래는 경험해 보아야 알 수 있지만, 전문가들은 이미 한 가지만은 확신하고 있다.

기술의 발전을 따라잡기 위해, 혹은 새로운 기술에 떠밀려 도태되지 않기 위해 미래의 일꾼들은 직업을 갖고 일하면서도 계속 배워야만 한다는 점이다.

앱 하나면 충분해, 우버 시스템

'우버화'라는 말을 들어 보았는지……. 이 낯선 단어는 빠르게 변하는 시대상과 세계화를 고스란히 반영하고 있다. '우버화'는 차량과 승객을 연결해 주는 교통 중개 서비스 기업 '우버(Uber)'에서 비롯된 신조어로, 소비자와 공급자를 디지털 플랫폼(어플리케이션)에서 직접 연결해 주는 시스템으로 변화하는 사회적인 현상을 가리킨다.

미국 기업인 우버는 2009년에 설립되었는데(2014년에 우리나라에도 진출했다.) 세계 곳곳에서 우버 시스템을 모방한 상품 및 서비스, 특히 공급자인 자영업자와 소비자인 고객을 직접 연결하는 어플리케이션이 속속 등장하고 있다. 무엇보다 사용이 쉽고 간편하다. 스마트폰을 몇 번 누르는 것만으로 집 앞까지 차를 부를 수 있을뿐더러 굳이 지갑이나 현금을 소지할 필요도 없다.

숙박, 은행, 외식, 스포츠, 인테리어 등 여러 분야에서 우버화가 진행되고 있다. 이제 우버화는 새로운 경제적, 사회적 변화상을 가리키는 단어로 자리매김했다. 어떤 사람들은 이런 현실에 감탄하고, 또 다른 이들은 이를 비판적으로 바라본다.

소비자들은 우버화가 생활을 더 편리하고 경제적으로 만든다고 여긴다. 하지만 이러한 디지털 플랫폼을 기반으로 경제 활동을 하는 사람들의 사정은 다를 수 있다. 물론 전통적인 기업의 업무 방식에서 벗어나 자신만의 방식으로 일을 할 수 있다는 점은 참신하게 다가온다. 또 나이가 많은 퇴직자나 학업 중인 대학생도 집을 공유하거나 배달 일을 하는 등 다양한 방법으로 수입을 올릴 수 있다는 점 역시 매력적이다. 게다가 특별한 기술이나 경력 없이도 노동 시장에 쉽게 뛰어들 수 있다.

하지만 이런 일상을 그리 밝게 볼 수만은 없다. '투 잡'을 넘어 '멀티 잡'의 세계가 열린 것을 과연 환영해야 할까? 낮에 일하고 나서, 밤에 다시 운전이나 배달 일을 하는 사람들이 부쩍 늘어나고 있는 현상을 긍정적으로 보아야 할까?

노동의 우버화는 크게 두 가지 문제를 일으킨다. 앞서 말한 디지털 플랫폼 기반의 노동은 소득이 그리 높지 않거나 매우 불안정하다. 특히 이런

종류의 노동은 '실업 급여 보장'이라든가, '노동 시간 준수'와 같은 사회적 권리를 행사할 수 없기 마련이다. 또 소비자가 필요에 따라서 부르는 일이기 때문에 꾸준한 일거리가 없다는 점도 문제가 된다.

우리나라에서도 코로나19 팬데믹으로 급격하게 늘어난 배달 관련 직업의 현실에 대해 뉴스 등에서 여러 번 다루었다. 안전이 보장되지 않는 고된 노동 환경과 불안정한 고용 보장이 쟁점으로, 우버화의 문제점과 긴밀히 얽혀 있다.

돈보다는 행복이 더 중요하다고?

요즘에는 남들이 부러워하는 대기업을 박차고 나와 창업을 하거나, 전혀 다른 분야로 직업을 바꾸거나, 갑자기 공방을 차리거나 요가 강사가 된 사람을 종종 볼 수 있다.

이런 경향은 1980년대 중반 이후에 태어난 세대에서 두드러지는데, 대륙과 나라를 막론하고 행복이 돈을 많이 버는 것보다 중요하다고 생각하는 사람들이 늘어나고 있다는 사실을 잘 보여 준다.

청년들 대다수는 자신의 가치관에 맞는 일을 하고 싶어 하며, 또 일과 사생활 사이에서 균형을 찾고 싶어 하는 성향이 뚜렷하다고 한다. 야근이나 휴일 근무를 마다하지 않던 시대는 이제 끝난 셈이다.

또 청소년을 포함한 청년 세대는 부모 세대의 틀을 그대로 따르기보다는, 생활 속에서 노동이 차지하는 위치를 다시 생각하고 싶어 한다. 그리고 이제 부모 세대처럼 평생 한 직장에서 일할 수 없다는 점도 잘 알고 있다.

청년 세대는 일을 계속하기 위해 회사를 여러 번 옮기거나 아예 다른 분야에 뛰어들어야 할지도 모른다. 어떤 사람은 자기 생활의 여러 측면을 조화롭게 꾸리기 위해 안정된 일자리를 마다하고 불안정한 계약직을 선택하거나, 자신의 회사를 차리거나, 회사의 일을 받아서 처리하는 프리랜서의 길을 갈 수도 있다.

분명한 건, 미래 세대는 지금과 같은 근무 환경을 그리 선호하지 않을 거라는 점이다. 직장에 고용된 근로자들 중에서도 스무네 살 이하 젊은 세대의 약 절반은 개인 사업이나 자영업에 관심이 더 많다고 한다.

"좋아하는 일을 택하면 평생 동안 일하지 않아도 된다."

—공자(기원전 551~기원전 479, 중국 춘추 시대의 사상가)

이러한 상황이 계속되면서 기업들, 그러니까 노동자를 고용하는 입장도 시간이 지날수록 곤란해질 것이다. 예전에는 누구나 대기업에서 일하고자 했기 때문에 인재를 채용하기가 그다지 어렵지 않았다.

하지만 지금은 경쟁이 심하고, 성과 중심적이며, 제약이 많은 근무 환경, 그리고 과소비를 부추기는 기업의 가치관을 선호하지 않는 사람도 점차 늘어나고 있다. 따라서 변화를 탐탁지 않아 하는 기업 입장에서는 점점 더 인재 채용에 어려움을 겪을 수밖에 없다.

젊고 유능한 직원을 뽑으려면 기업이 스스로의 가치관부터 다시 생각해 보아야 하는 시대를 맞이하고 있다. 다시 말해, 유연한 직장 내 상하 관계, 유쾌한 업무 환경, 직원들의 자율성 존중이 기업 문화로 뿌리내려야 한다는 뜻이다.

성인의 약 70퍼센트 이상이 기업에서 일하고 있다.
우리는 기업에 대해 얼마나 알고 있을까?

제4장

경제가 원활히
돌아가게 만드는 힘, 금융

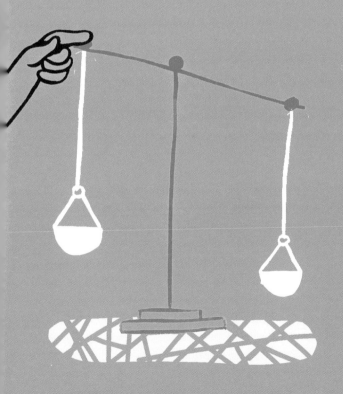

'금융'이라는 단어를 들으면 일단 머릿속에 은행이 떠오르기 마련이다. 런던, 뉴욕, 도쿄 등 세계 3대 금융 도시를 떠올리는, 나름 경제 지식에 빠삭한(!) 사람도 있을 것이다. 또 어떤 사람은 금융이라고 하면 '증권 투자'하고만 관계있는 일처럼 생각하기도 한다. 사실 금융권에서 하는 일은 그보다 훨씬 더 광범위하다.

돈을 돌리고 또 돌리다, 금융

돈이 없으면 우리가 사는 세상은—적어도 경제 분야에 있어서는—멈춰 버릴 것이다. 금융은 돈을 필요로 하는 개인, 기업, 정부와 돈을 갖고 있는 사람들을 연결해 주는 역할을 한다. 조금 더 전문적인 용어로 말하자면 은행, 투자자, 금융 시장이 제공하는 서비스 전체를 아울러 '금융'이라고 부른다.

돈이 돌고 돌아
끊이지 않게 만드는
주인공, 금융

금융은 경제가 원활하게 돌아가도록 만드는 대표적인 요소 중 하나이다! 금융의 수많은 역할 중에서 대표적인 것 세 가지만 알아보자.

☑ 돈을 빌려주다

한 개인이 건물을 짓기 위해 은행에서 돈을 빌린다. 기업이 새로운 공장을 짓기 위해 은행에서 돈을 빌린다. 제빵사 역시 빵집을 차리고자 은행에서 돈을 빌린다. 현대 사회에서 돈을 빌릴 수 없다면, 투자가 필요한 사업은 아무것도 할 수 없을 것이다.

그렇다면 금융 기관, 대표적으로 은행이 빌려주는 돈은 어디서 나오는 걸까? 금융 기관은 기본적으로 가계와 기업의 돈을 보관해 주는 역할을 맡고 있다. 경제 활동을 시작한 대부분의 사람들이 은행 계좌를 개설하고 자기가 가진 돈, 즉 일해서 번 돈을 계좌에 넣어 둔다는 걸 생각하면 이해하기 쉽다.

은행은 우리가 맡긴 돈을 일정 기간 동안 이자를 받는 조건으로 개인 또는 기업에 빌려준다. 또 은행은 화폐를 발행하거나 다른 금융 기관에 돈을 빌려주기도 한다.

☑ 돈을 불리다

금융의 목표는 '경제의 미래 가치를 키우는 것'이다. 예를 들어 보자. 모든 사람은 학비를 마련하기 위해서, 갖고 싶은 자전거를 사기 위해서, 친

구들과 여행을 가기 위해서, 또 만약의 사태(컴퓨터가 고장 나거나 병원에 갈 때)에 대비하기 위해서 돈을 모은다.

뿐만 아니라 돈을 버는 사람이라면 벌어들인 돈에서 쓰고 남은 만큼 저축을 한다. 이때 은행은 자기네들의 목표 수익과 사용이 가능한 금액에 따라 다양한 금융 상품을 고객들에게 제안한다. 물론 가까운 미래에 지금 저축하는 돈이 더 불어날 것이라는 장밋빛 예측과 더불어서 말이다. 즉, 금융에 의해 경제(저축한 돈)의 미래 가치(금융 상품에 투자)가 커지는 (돈이 불어나는) 것이다.

돈이 많은 사람은 금융 시장, 그중에서도 특히 증권 시장에 돈을 넣어두고 싶어 한다. 이익이 크기 때문이다. 하지만 증권 투자에는 그만큼 위험이 따른다. 돈을 크게 벌 수도 있지만 반대로 크게 잃을 수도 있다. 경제 원리에 따르면 본디 위험이 클수록 수익이 크고, 안정적일수록 수익은 떨어지는 경향을 보인다.

기업의 가치에 따라 오르락내리락, 주식

청과물 시장에서는 신선한 채소와 과일을 판다. 그럼 금융 시장에서는 무엇을 팔까? 당연히 금융 상품이 거래된다. 금융 상품은 종류가 아주 다양하다. 그중 가장 일반적인 것이 '주식'인데, 주식은 '기업의 가치에 따라 오르거나 내리는 소유권'이라고 할 수 있다. 기업은 돈이 필요할 때 은행에서 돈을 빌리든가, 아니면 기업의 일부를 주식으로 발행해 팔기도 한다. 주식을 사려는 사람이 많을수록 주가는 올라가고, 반대로 팔려는 사람이 많을수록 주가는 내려간다.

주식에 투자한 사람을 '주주'라고 부르는데, 이들은 건실하게 성장하며 꾸준히 수익을 낼 것으로 예상되는 기업의 주식을 사고 싶어 한다.

☑ 위험에 대비하다

항공 회사를 예로 들어 보자. 항공권의 가격에는 유가(석유의 판매 가격)가 크게 작용한다. 그런데 항공 회사는 반 년 뒤 유가가 어떻게 될지 모르면서 육 개월 후의 항공권을 일정 가격으로 판매한다. 그 이유는 은행이나 투자자가 위험을 감수하면서 투자를 하기 때문이다.

주식에 투자하는 주주들이 있기에 항공 회사는 일정 가격에 미리 연료를 사 두어 유가가 폭등하는 위험에 대비할 수 있다. 주주들이 고객을 대신해 위험을 감내하는 셈이다.

금융은 앞선 세 가지 역할을 수행하면서 경제 발전을 꾀한다. 하지만 전문가들은 최근 들어 금융이 점점 더 원래의 역할에서 멀어지고 있다고 지적한다. 몇몇 연구자들은 금융이 통제하기 어려운 괴물이 되어, 세계 경제의 균형을 위협하고 있다고까지 주장한다.

금융의 시작점, 은행

'은행(Bank)'을 뜻하는 영어 단어는 사람이 앉을 수 있는 '벤치(의자)'라는 의미를 지닌 이탈리아어 'Banca'에서 유래했다. 중세 시대 유럽에서는 돈을 빌려주는 고리대금업자들이 도시 한복판에 의자를 놓고 앉아서 일을 했는데, 여기서 비롯되었다고 한다.

물론 돈을 맡아 주거나 빌려주는 활동은 그보다 훨씬 오래되었는데, 심지어 기원전 17세기에 만들어진 바빌로니아 왕국의 함무라비 법전에도 재산과 이자에 대한 내용이 적혀 있다고 한다.

그러다 14세기에서 16세기 사이, 르네상스 시대에 처음으로 지금과 비슷한 형태의 은행다운 은행이 탄생한다. 당시 이탈리아의 메디치 가문이나 독일의 푸거 가문은 일종의 금융 기관을 설립해 교황청 등에 돈을 빌려주고 막강한 권력을 행사했다.

우리나라는 고종 시절인 1878년, 일본 제일은행의 지점이 부산에 문을 열면서 지금과 같은 모습의 은행이 등장하게 되었다.

유로　　　달러　　　엔/위안　　　원　　　파운드

벤치에서 은행으로

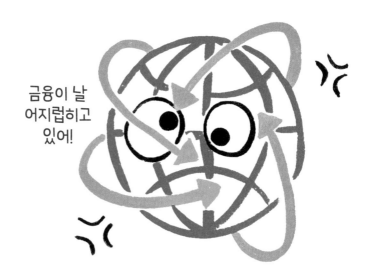

경제의 금융화 시대

2012년, 프랑스 대통령에 당선된 프랑수아 올랑드가 선거 운동 때 했던 말이 아직도 많은 사람의 입에 오르내린다.

"나의 진짜 적은 금융입니다."

오늘날 금융의 이미지, 그러니까 잘못된 방향으로 나아가는 금융에 대해서 많은 것을 생각하게 만드는 말이다.

지난 사십여 년 동안 금융은 커다란 변화를 겪었다. 영미권, 나아가 세계 곳곳에서 금융을 제한하던 많은 규칙들이 완화되거나 폐지되었다. 이런 급격한 변화 속에는 '세상에 더 많은 돈이 더 쉽게 돌아야만 한다.'는 생각이 깔려 있다.

과거에는 금융이 경제를 잘 돌아가게 만드는 역할을 했지만, 지금은 경제가 금융을 위해서 일한다고 해도 과언이 아니다. 이제 우리는 '경제의 금융화' 시대에 살고 있다. 이게 무슨 뜻인지 조금 더 자세히 살펴보자.

1970년대에서 1980년대 사이, 금융 시장의 규모를 폭발적으로 키우는 정치적인 결정들이 이루어졌다. 특히 1971년 8월, 당시 미국 대통령 리처드 닉슨은 '브레턴 우즈' 체제의 종식을 선언했다. 세계 경제가 전격적으로 변하게 된 건 이때부터라고 할 수 있다!

닉슨 대통령의 선언이 세계에 끼친 영향을 이해하려면 이전 상황을 잠시 살펴보아야 한다. 제2차 세계 대전이 끝나기 직전인 1944년 7월, 미국 정부는 브레턴 우즈라는 미국의 도시에서 43개 동맹국과 함께 미국의 달러화를 세계 기준 화폐로 정하는 협정을 맺었다. 다른 나라의 화폐들 모두 달러화를 기준으로 가치를 정하는 '고정 환율제'를 시행한 것이다. 이 협정은 통화 체제를 변동이 없도록 안정시켜서, 전쟁으로 피폐해진 세계 경제를 빠르게 재건하려는 게 목표였다.

그렇게 삼십여 년이 지난 1971년, 닉슨 대통령이 이 협정을 폐기한다고 선언했다! 협정이 폐기되면서 '변동 환율제'가 실시되었다. 다시 말해, 이제 각국 통화는 각 통화에 대한 수요와 공급에 따라 환율이 시시각각 계속해서 변하는 세상이 온 것이다.

이후 금융 시장으로 투자금이 몰리면서 증권 거래는 꾸준히, 그리고 크게 증가했다. 1990년대 초, 미국 증권 시장에서는 증권 거래가 1분에 평균 1,000건씩 늘어났다고 한다. 2010년을 기준으로 미국에서는 1초당 1천만 건 이상의 증권 거래가 이루어지고 있다.

그 결과, 어떤 기업들에는 엄청난 규모의 자금이 흘러들게 되었다. 돈이 돈을 벌어서 주체가 안 될 만큼 넘쳐흐른다고 할까? 이 주제에서 영감을 얻어 제작된 금융 관련 영화도 종종 만날 수 있다.

"내 이름은 조던 벨포트, 스물여섯 살 되던 해에 4,900만 달러(한화로 약 600억 원)를 벌었다. 300만 달러 즈음부터는 일주일에 100만 달러씩 버느라 진절머리 나게 일했다."

2013년에 개봉한 레오나르도 디카프리오 주연의 영화 〈울프 오브 월스트리트〉도 해당 실화에서 영감을 받아 만든 대표적인 영화 중 하나이다. 영화는 활황을 맞은 미국의 금융 시장을 배경으로 '트레이더(주식 거래인)'인 조던 벨포트의 흥망성쇠를 보여 주었다.

미국의 연기금(연금을 지급하기 위해 모은 돈. 우리나라에서는 국민연금이 대표적이다.)들이 금융 시장에 막대한 투자를 하기 시작한 것도 1980년대부터이다. 이들은 많은 이익을 내는 기업들의 주식을 탐욕스럽게 사들였다. 이렇게 경쟁적으로 투자받는 분위기를 타고 기업들은 더더욱 미친 듯이 이익을 추구했다.

금융 시장으로 돈이 몰리는 세계적인 추세는 대기업들의 전략에 뚜렷한 영향을 미쳤다. 장기적인 경제 활동을 생각하지 않고, 단기적으로 주주의 이익을 최대한 높일 수 있는 방향으로 기업을 운영하게 된 것이다. 효율성을 추구하기 위해 해고마저 서슴지 않았고, 이득을 얻을 수만 있다면 환경을 파괴하든 불공정한 무역을 하든 노동 착취를 하든 상관하지 않고 투자했다. 이런 변화는 경제와 고용 등 사회 전반에 부정적인 영향을 미쳤다.

그 밖에도 금융과 경제의 괴리가 낳은 결과들은 여러 가지가 있다. 그중에서도 '소득 불균형'이 커졌다는 점을 꼭 짚고 넘어가야 한다. 소득 불균형이란, 많은 소득을 얻는 상위층과 적은 소득을 얻는 하위층의 격차가 무척 커졌다는 걸 뜻한다.

돈이 많은 사람들은 거대한 자본을 기반으로 더 많은 돈을 빌린다. 이 돈을 부동산에 투자해 시세 차익을 얻거나 주식을 사서 배당금을 받는다. 이런 방법으로 소득 격차는 점점 더 벌어지게 되는 것이다.

또 금융의 영향력이 지나치게 커지면서 금융 관련 사건이 경제를 불안하게 만들기도 한다. 2007~2008년 사이에 전 세계를 강타한 경제 위기도 바로 금융이 원인이었다. 우리는 이런 상황을 그대로 보고만 있어도 괜찮은 걸까?

2008년 금융 위기, 어쩌다 일어났을까?

'서브프라임 위기'라고도 부르는 금융 위기는 2006~2007년 사이에 미국에서 시작되었다. 미국의 은행들이 부동산 가격이 폭등할 때 신용도가 낮은 가계에까지 주택 구입 자금을 지나치게 대출해 준 것이 원인이었다. 그 후 부동산이 폭락하자 수많은 가계가 대출을 갚을 수 없는 상황에 놓였다. 갑자기 수십만 명이 길거리에 나앉을 판국이었다.

미국의 여러 은행도 큰 타격을 받았다. 한마디로 마구잡이로 아무한테나 빌려준 돈을 돌려받지 못하게 된 것이다. 이로써 2008년, 미국 굴지의 금융 회사인 '리먼 브라더스'가 파산하기에 이르렀다.

세계화로 국가 간 상호 의존도가 그 어느 때보다 높아졌기 때문에 미국에서 시작된 금융 위기는 금세 유럽과 다른 대륙에까지 퍼졌고, 곧 글로벌 위기로 확대되었다. 세계 곳곳에서 대부분의 은행들은 대출 업무를 중단했고, 2009년에는 전 세계 국가 중 3분의 2가 경기 침체를 겪었다. 당연하게도 전 세계에서 실업률 또한 크게 증가했다.

환경을 생각하다, 녹색 금융

몇 년 전부터 금융에 대해 이야기할 때 심심찮게 들리는 표현들이다.

'지속 가능한 금융, 책임지는 금융, 녹색 금융······.'

금융계도 달라지고 있다는 증거라고나 할까? 전통적으로 금융업계는 환경에 미치는 영향 따위는 개의치 않고, 높은 수익을 올릴 수 있는 프로젝트라면 무조건 투자하곤 했다. 그렇지만 '녹색 금융'은 인간의 경제 활동이 환경에 미치는 피해를 최소화하거나 오히려 이로운 영향을 끼치는 데 신경을 쓴다.

예를 들어, 환경을 오염시키는 물질을 많이 배출하는 화력 발전소 건설에 대출을 해 주지 않겠다는 정책을 실행하는 것이 바로 대표적인 녹색 금융이다. 뿐만 아니라 대중교통 이용 횟수 등 환경을 위하는 조건들을 충족시킬 때 대출 금리를 낮춰 주는 상품을 파는 것도 녹색 금융의 한 사례라고 할 수 있다.

녹색 금융은 선택이 아닌 필수!

2018년, 프랑스 대통령인 에마뉘엘 마크롱은 환경을 생각하는 '지속 가능한 금융'을 촉구했다. 2019년 11월에는 유럽 중앙 은행의 대표인 크리스티안 라가르드가 다음과 같은 입장을 단호하게 선언했다.

"기후와 환경에 미치는 영향을 고려하는 것이야말로 우리의 기본 소임입니다."

실제로 금융은 기후 변화를 막는 데 매우 중요한 역할을 한다. 화석 연료를 재생 에너지로 전환하고, '파리 기후 협약'을 지키려면 천문학적인 비용이 들기 때문이다.

파리 기후 협약은 워낙 유명해서 누구나 한 번쯤은 들어 보았을 것이다. 세계 여러 나라가 지구 온난화를 억제하기 위해 힘을 합치기로 결정한 협약으로, 197개 나라가 21세기가 끝나기 전에 평균 기온을 섭씨 2도—가능하면 1.5도—이상 높이지 않기로 약속했다. 그리고 이 목표를 달성하려면, 세계적으로 6조 달러(한화로 약 8천조 원) 규모의 투자가 필요하다는 사실을 모두 알고 있다.

그렇지만 현재 파리 기후 협약 서명한 국가들의 참여는 상당히 미흡한 편이다. 지금의 상황을 정말 바꾸고 싶다면, 현재 금융계에서 통용되는 규칙들이 더더욱 녹색 금융을 지향하는 방향으로 바뀌어야 할 것이다.

지구학교 1교시 경제학 수업

기후 변화를 막기 위해 우리가 할 수 있는 일은?

청소년들이 살아가야 할 미래의 경제

성장, 소비, 일, 돈, 금융……, 지금까지 이 책에서 다룬 내용들을 떠올려 보자. 그러면 경제라는 분야에서는 무엇 하나 간단하지 않다는 걸 실감할 수 있을 것이다.

그러니만큼 정·재계 지도자들의 결정이 영 마뜩잖을 때가 많다. 왜 저런 결정을 내리는지 의아하게 여기다 못해, 때로는 그런 결정을 내리는 권력의 중심부에서 우리가 참 멀리 떨어져 있구나, 하는 기분이 들기도 한다.

하지만 이 책에서 강조하려는 건, 경제가 우리 모두의 일이라는 사실이다. 경제는 권력 있고 돈 많은 사람들만의 문제가 아니다. 누구나 각자의 사정에 맞게 행동을 취할 수 있고, 또 그래야만 한다.

경제라는 건 우리 앞에 펼쳐질 사회 전반의 변화를 예측하는 일이다. 그러니 앞으로 펼쳐질 미래에 살아가게 될 청소년들이 경제에 대해 관심을 갖고 하나씩 알아 가려는 자세가 그 무엇보다 중요하다!

사람은 누구나 자신이 무엇을 원하는지 곰곰이 생각해 보고 결정을 내릴 권리가 있다. 이 말은 스스로의 선택을 통해 내가 사는 세상을 더 나은 곳으로 만들 수 있다는 뜻이다. 새로운 시각으로 경제를 바라보면서, 내가 가장 중요하게 여기는 것만큼은 지키면서 살아갈 수 있는 사회를 만들어 가도록 하자.

꼭 기억해야 할 것!

1. 경제 성장은 국가 지도자들의 가장 큰 목표이다. 하지만 지구를 환경 위기에 몰아넣고 심각한 사회적 불평등을 만든다는 두 가지 문제가 발생한다.

2. 우리는 소비하기 위한 선택에 많은 시간을 할애한다. 하지만 우리에게 정말 필요한 것은 무엇인지 생각해 본 적 있을까? 그 기준은 각자 정해야 한다.

3. 디지털 혁명과 로봇, 인공 지능, 새로운 기술의 발전으로 노동의 세계는 근본적인 변화를 겪게 될 것이다. 본격적인 변화는 이제 시작이다!

4. 금융은 종종 비판의 대상이 되지만, 경제를 떠받치는 중요한 기둥 중 하나이다. 금융은 환경을 존중하는 방향으로 작용할 수도 있지만, 그 반대로 작용할 경우 인류는 커다란 위기를 겪게 될 수도 있다.

세상의 흐름을 바꾼 경제학자

다른 학문과 마찬가지로 경제학에도 다양하고 풍부한 사상들이 있다. 그러한 생각 또는 사상들은 아주 오래전부터 인문학이나 사회학, 혹은 역사학이라는 이름을 내걸고 등장했다. 심지어 고대 그리스의 철학자인 아리스토텔레스(기원전 384~기원전 322) 역시 화폐의 역할에 대해서 깊이 연구했을 뿐 아니라, 돈을 지나치게 중시하는 사람들을 비판하기도 했다.

경제학 이론이 중요해진 건 산업 혁명이 시작되고 자본주의가 등장하면서부터라고 할 수 있다. 현대의 복잡한 사회가 원활하게 돌아갈 수 있도록 중대한 문제들을 짚어 내고, 분석하고, 해결하려면 먼저 경제 상황을 이해해야 한다. 그러고 나서 가까운 미래 혹은 장기적으로 어떻게 될지 전망할 수 있어야 한다.

경제학에서 앞으로의 전망을 연구하기 위해서는 복잡한 수학적 모델이 필요한 경우가 많고, 그렇기 때문에 결과를 검증하기도 어렵다. 또 경제학자들이 모든 것을 예측할 수 있는 것도 아니다. 2008년에 일어난 금융 위기를 예견한 경제학자는 거의 없었으니까.

어쨌거나 우리는 여전히 경제학자들이 통찰력을 발휘해 우리의 선택, 우리가 취해야 할 방향에 단서를 던져 주길 기대한다. 어떤 경제학자들은 역사에 뚜렷한 발자취를 남기기도 했다. 이 책에서는 그중에서 주목할 만한 여섯 명의 생각을 소개하고자 한다.

애덤 스미스(1723~1790)

: 고전 경제학

"보이지 않는 손이, 각 사람이 개별적 이익을 만족시키는 방향으로 행동하게끔 떠민다."

'보이지 않는 손'이라는 유명한 말을 남긴 영국의 경제학자 애덤 스미스는 자유주의 경제학의 아버지이자 고전 경제학파의 수장으로 통한다. 스미스는 각각의 개인이 추구하는 이익이 보이지 않는 손에 의해 결국에는 전체적인 경제 흐름으로 나타난다고 생각했다.

여기서 중요한 건 바로 '자유'가 경제 발전의 기본 조건이라는 점이다. 스미스의 이론에 따르면, 개인이 최대한 이익을 추구하게 내버려 두면 나라는 저절로 부자가 된다고 한다. 이때 국가는 최소한의 역할만 떠맡아야 한다. 애덤 스미스의 사상은 '시장 경제'와 '자본주의'의 근간이 되었다.

애덤 스미스는 또 노동 분업의 열렬한 지지자이기도 했다. 노동 분업이란, 각자가 한 가지 작업에 특화될수록 생산의 효율성이 높아진다는 이론이다. 노동 분업 역시 자본주의 경제의 주요한 동력 중 하나가 되었다.

스미스는 자신의 경제학 사상을 집대성해, 1776년에 《국부론》이라는 책을 펴냈다.

데이비드 리카도(1772~1823)
: 고전 경제학

'비교 우위.'

리카도의 사상을 한마디로 표현하기에 가장 알맞은 단어이다.

영국 출신의 경제학자인 리카도는 애덤 스미스와 함께 고전 경제학파로 분류된다. 리카도는 특히 자유로운 상품의 유통과 국제 교역을 강조했다. 어떤 나라든 가장 잘하는 일에 집중할수록 더욱 강력하게 성장할 수 있다고 본 것이다.

1817년에 발표한 책《정치 경제학 및 과세의 원리》에서 리카도는 프랑스와 포르투갈은 포도주 생산에 총력을 기울여야 경제가 발전하는 반면, 기후와 토양이 썩 좋지 않은 영국은 공업에 집중하는 편이 낫다고 주장했다.

또 상품의 가치는 상품을 생산하기 위해 투여한 노동량에 의해 결정된다고 주장했다. 리카도의 이론은 '자본주의적 생산'을 설명하는 기본 원리로 여겨진다.

애덤 스미스의《국부론》을 읽으며 경제학을 공부한 리카도는 스미스의 이론을 상세히 세분화해 연구하면서 후대 경제학자와 사상가에게 큰 영향을 끼쳤다. 리카도의 이론에 영향을 받은 대표적인 인물로 마르크스를 들 수 있는데, 그는 리카도의 이론을 비판하면서도 더욱 발전시킨 것으로 평가받는다.

칼 하인리히 마르크스(1818~1883)
: 마르크스주의

독일의 철학자인 마르크스의 최대 관심사는 자본주의였다. 그는 역사가 '계급 투쟁'으로 이루어진다고 여겼다. 여기서 투쟁이란, '생산 수단을 가진 자들'과 '생산 수단 없이 자본가를 위해서 일하는 노동자들' 사이의 투쟁을 말한다.

마르크스는 자본주의 체제가 아주 불공정하다고 보았다. 노동자는 자본가에게 착취당하고, 경제 성장의 혜택은 전부 자본가가 가져간다는 것이다. 마르크스는 1867년에 《자본론》을 발표하면서 자신의 사상을 세상에 공개했다. 마르크스주의는 마르크스뿐 아니라 친구인 엥겔스에게서 나온 사상이기도 하다.

마르크스주의는 자본주의에 대한 날카로운 비판인 동시에 정치적, 철학적, 경제학적, 사회학적 사상이었다. 마르크스주의자들은 무엇보다 생산 수단이 모든 사람에게 공유되어야 한다고 주장했다. 처음에는 강력한 국가가 생산 수단 전체를 관리하지만, 차츰 국가의 역할이 희미해질 거라고 주장했다. 마르크스는 사회적 계급은 물론 국가마저도 없는 세상을 꿈꾸었던 것이다.

1980년까지만 해도 전 세계인의 3분의 1은 마르크스주의에 뿌리를 둔 공산주의 국가에서 살고 있었다. 그렇지만 지금은 마르크스주의의 유산을 계승했다고 할 만한 국가는 거의 없고, 대부분이 시장 경제의 길을 걷고 있다.

존 메이너드 케인스(1883~1946)
: 케인스주의

　영국의 경제학자 케인스는 20세기에 가장 지대한 영향을 미친 경제학자라고 해도 과언이 아니다. 케인스의 중요한 업적은 '국가가 경제에서 차지하는 역할을 새로운 관점에서 바라보았다'는 점이다.

　그는 국가가 국민의 안전을 보호하고, 법을 제정하고, 정의를 실현하고, 도로나 항구 같은 공공시설을 만드는 소극적인 역할에만 그칠 이유가 없다고 보았다. 특히 실업률이 높을 때는 국가가 적극적으로 시장에 개입해야 한다고 생각했다. 고용이 어려운 시기에는 줄어드는 구매력과 소비를 떠받치기 위해 국가가 나서 공공 사업을 늘려야 한다는 것이다.

　케인스는 또 수요가 공급을 결정한다고 생각했다. 1936년에 발표한 《고용, 이자 및 화폐의 일반 이론》이라는 책에 따르면, 국가가 구매력을 촉진하는 조치를 취할 때 국민이 더 많은 소비를 할 수 있다고 주장했다. 그러면 수요가 늘어나므로 기업이 생산량을 늘리기 위해 더 많은 사람을 고용하게 되고, 그 결과 실업률이 감소한다는 것이다.

　케인스학파는 유럽에서 지속된 '번영의 30년'에 특히 큰 영향을 끼쳤고, 지금도 케인스의 이론을 계승했다고 자처하는 경제학파인 '케인스학파'에 속한 학자들을 숱하게 찾아볼 수 있다.

밀턴 프리드먼(1912~2006)
: 통화주의(혹은 신자유주의)

미국의 경제학자인 밀턴 프리드먼은 사상적인 면에서 볼 때 케인스와 정반대에 있다고 볼 수 있다. 자유 경제의 열렬한 옹호자이자 1976년에 노벨 경제학상을 수상한 프리드먼은 국가의 개입이 시장을 오히려 불안정하게 만든다고 여겼다. 그래서 국가의 개입은 최소한에 머물러야 하고, 모든 영역에서 시장 스스로 조절할 수 있도록 오롯이 시장의 능력에 맡겨야 한다고 주장했다.

프리드먼은 케인스주의 정책이 경제를 성장시키고 실업률을 낮추기에 좋은 방법이 아니라고 보았다. 국가가 나서 지출을 늘리는 정책은 물가를 높이고 인플레이션을 발생시키기 때문에 바람직하지 않다는 것이다.

화폐 정책의 중요성을 거듭 강조해 '통화주의의 아버지'라고도 불리는 프리드먼은 '인플레이션은 알코올 중독과 같다.'며 인플레이션의 위험성을 강조했다. 1970~1980년대부터 여러 국가가 통화주의 정책을 취했는데, 인플레이션은 웬만큼 억제되었지만 실업률은 계속해서 증가하는 경향을 보였다.

지금은 각 나라의 경제 정책들이 케인스주의나 통화주의 같은 특정 이론만 채택하는 경우는 거의 없다. 한 나라 안에서도 상황에 맞게 케인스주의와 통화주의 사이를 왔다 갔다 하기 때문이다.

에스테르 뒤플로(1972~현재)
: 실험을 통한 경제학적 사유의 전개

여성이 많지 않은 경제학계에서 에스테르 뒤플로는 특별한 존재이다.

1972년에 프랑스에서 태어난 뒤플로는 세계에서 두 번째로 노벨 경제학상을 수상한 여성이다. 다른 두 명과 공동 수상했는데, 그중 한 명은 그의 남편인 아브히지트 바네르지이다.

이들 부부는 세계의 빈곤 문제를 해결하기 위한 실험적인 연구에 매진했고, 그 노력이 인정받아 영예로운 노벨상을 수상하기에 이르렀다. 뒤플로는 오랫동안 빈곤과 관련된 주제에 매달려 왔는데, 기적적인 해결책을 찾거나 거창한 이론을 세우기보다는 조금씩 확실하게 진척을 보는 방법을 선택했다.

의학계에서 새로운 약을 만든 다음 약국에서 본격적으로 팔기 전에 장기간에 걸쳐 실험과 검증을 하는 것처럼, 경제학 현장에서도 실제 실험을 해서 해결 방법을 찾으려 한 것이다.

예를 들어, 저개발 국가에서 학급당 인원이 적을수록 가난한 아이들이 더 잘 배울 수 있을 것이라는 가설을 세웠다고 가정하자. 그럼 실제로 학급당 인원에 변화를 주고 긴 시간에 걸쳐 아이들의 학습 성취도를 비교해 본다. 이런 경제학 실험들을 거듭하면서 결론을 내리고 실천에 옮기는 방식을 개척한 것이다.

알쏭달쏭
경제 용어 풀이

구매력

개인이나 가계 또는 단체가 소득으로 살 수 있는 재화와 서비스의 양을 말한다. 구매력은 항상 같은 게 아니라 소득 수준과 물가 등에 따라서 매번 달라진다.

대출 금리

은행은 돈을 거저 빌려주지 않는다. 현재 돈의 가치만큼 이자를 받는데, 이를 금리라고 한다. 은행이 오백만 원을 빌려줄 때 대출 금리가 2퍼센트라면, 원금 오백만 원뿐 아니라 원금의 2퍼센트에 해당하는 금액 십만 원을 더해서 갚아야 한다. 대출 금리는 자신이 갖고 있지 않은 돈을 지금 당장 쓰기 위해 지불해야 하는 가격이라고도 할 수 있다.

디지털 플랫폼

온라인에서 생산과 소비, 유통, 정보 교환 등이 한꺼번에 이루어지는 공간을 말한다. 물건이나 서비스를 판매하려는 생산자와 구매하려는 소비자를 연결해 주는 역할을 하기 때문에, 업종이나 분야별로 이를 선점하려는 경쟁이 치열하게 벌어지기도 한다. 운송, 배달, 광고 등 수많은 분야에서 운영 중이다.

민영화

정부에서 운영하던 기업을 민간인이 일부, 또는 전체를 경영하도록 경영 주체를 바꾸는 걸 말한다. 민영화의 대상은 전기, 가스, 전화, 도로, 공항, 의료 등 국가 기간산업 또는 공공의 복지를 담당하는 기업인 경우가 많은데, 장기적으로 기업의 적자 해소라는 장점도 있지만 국민을 볼모로 삼아 공공 복지를 저해할 수도 있다는 커다란 단점도 존재한다.

배당

개인이 어떤 기업이 발행한 주식을 소유하고 있다면, 그 기업이 특정 기간 동안 낸 이익을 분배받을 수 있다. 이를 배당이라고 부르는데, 달리 말하면 기업이 이익을 올렸을 때 주주들이 나눠 받을 수 있는 소득을 말한다. 배당금은 기업의 이익에 따라 그때그때 다르다.

부가 가치세

상품이나 서비스를 이용할 때 정부에서 매기는 세금을 말한다. 특별히 국가에서 지정해 면제해 주는―기저귀와 분유 같은 생필품과 대중교통 이용료 등―품목을 제외한 모든 재화와 서비스에 부과된다.

신용 대출

신용 대출은 은행이나 개인에게서 돈을 빌려 사용하는 것을 말한다. 지금 당장 돈이 없더라도 큰 금액이 드는 상품을 구매할 때 요긴하다. 예를 들어 누군가 자동차를 사기 위해 은행에 돈을 빌리러 가면, 은행은 '신용 대출'을 해 준다. 그 사람을 믿고 빌려줄 수 있는 금액만큼 내주는 것이다. 그러면 신용 대출을 받은 사람은 대출 기한과 대출 금리에 따라서 원금과 이자를 함께 갚아야 한다.

에너지 전환

지구 온난화를 억제하려면 에너지 생산 및 소비가 이루어지는 현대의 산업 구조를 근본적으로 바꾸어야 한다. 특히 환경을 오염시키는 화석 연료에서 재생 에너지로 에너지 생산의 중심을 옮기는 것이 무엇보다 중요하다.

연기금

퇴직 연금을 지급하기 위해 모은 돈으로 투자 활동을 하는 기관을 말한다. 대표적으로 '국민연금'이 있다.

인플레이션

시중에 돈이 너무 많아서 화폐 가치가 떨어지고 물가가 오르는 현상을 말한다. 일반 대중의 입장에서 보면 월급은 그대로인데 물가가 오르기 때문에, 실질적인 소득이 감소하는 효과가 나타난다. 이럴 때 정부에서는 과도하게 유통되는 돈을 거두어들이기 위해 대출 금리를 올리는 정책을 취하는 경우가 많다. 반대로 시중에 돈이 없어 물가가 내리고 경제 활동이 줄어드는 경우를 '디플레이션'이라고 부른다.

온실가스

온실 효과를 일으키는 기체를 말한다. 대표적으로는 석탄, 석유 등 화석 연료를 태울 때 배출되는 이산화 탄소와 농업 활동, 화학 제품 등에서 배출되는 아산화 질소를 꼽을 수 있다. 이러한 온실가스가 대기 중에 무분별하게 배출되어 지구의 평균 기온이 점점 올라가고 있다.

자본

노동과 더불어 생산의 중요한 구성 요소 중 하나이다. 자본은 경제 활동을 하는 한 주체가 사용할 수 있는 부의 총합을 말한다. 자본은 주로 설비와 자재를 마련하고 노동자를 고용하는 데 쓰인다. 자본의 형태는 다양해서 생산 기계(또는 기술)일 수도 있고, 그 기계를 살 수 있는 돈(금융 자본)일 수도 있다.

재생 에너지

석탄, 석유, 우라늄 등의 화석 연료는 한 번 쓰면 재생이 불가능하다. 하지만 태양광, 풍력, 수력, 그리고 지열 등은 우리 주위에 풍부하게 있을 뿐 아니라 한 번 쓴다고 해서 없어지지 않는다. 이렇게 다시 사용이 가능한 에너지를 가리켜 재생 에너지라고 부른다.

재화

사람의 욕구를 충족시키는 모든 물건을 아울러 재화라고 부른다. 주로 만질 수 있는 물건만을 의미했는데, 최근 들어 음악, 영화, 애니메이션 등 디지털 방식의 형태가 없는 콘텐츠도 재화라고 부르게 되었다.

중앙은행

각 나라에는 정부에서 주관하는 중앙은행이 있다. 중앙은행은 '은행들의 은행'이라고도 불리는데, 시중에서 유통되는 돈의 양을 조정하기 위해 통화 정책을 수립할 뿐 아니라 화폐를 만들고 금융 기관들을 감시하는 등 시장의 안전성을 책임지는 역할을 한다. 세계에서 가장 오래된 중앙은행은 1656년에 설립된 '스웨덴 은행'이다. '프랑스 중앙은행'은 1800년에 나폴레옹 보나파르트가 설립한 것으로 유명하다. 미국의 중앙은행, 일명 'FED(Federal Reserve System)'는 1913년에 세워졌고, 우리나라 중앙은행인 '한국은행'은 1950년에 설립되었다.

통화

유통이나 지불을 위해 사용하는 화폐를 뜻하는 말로 '유통 화폐'라고도 부른다. 보통 한 국가에서 공식적으로 지정해 사용하는 경우가 많은데, 우리나라에서는 '대한민국 원(KRW, ₩)'을 사용한다. 실제로 만질 수 있는 동전과 지폐는 물론, 현금으로 바꿀 수 있는 예금도 통화에 속한다.

트레이더

금융 시장에서 본인의 자금이나 고객의 자금으로 금융 상품을 사고파는 일을 전문으로 하는 사람을 가리키는 용어이다. 시세를 예측해 고객 사이의 거래를 중개하기도 한다.

환율

어떤 통화가 다른 통화에 대해서 갖는 값을 말한다. 예를 들어 달러당 원화의 환율이 1,000이라면 1달러를 사기 위해 1,000원을 줘야 한다는 뜻이다. 1,000원이던 달러당 환율이 1,100원이 된다면 환율이 상승, 900원이 된다면 하락했다고 표현한다. 환율은 세계 경제 상황에 따라 시시각각 달라진다.

옮긴이 **이세진**

서강대학교 철학과를 졸업하고 같은 대학원에서 프랑스 문학을 공부했다. 현재 전문 번역가로 활동하고 있다. 옮긴 책으로 《어린이를 위한 성평등 교과서》《토머스 신상 파일》《다 똑같으면 재미없잖아》《뉴 어스 프로젝트》《아직 오지 않은 날들을 위하여》 외 여러 권이 있다.

지구학교 1교시 경제학 수업

첫판 1쇄 펴낸날 2023년 5월 19일
3쇄 펴낸날 2024년 4월 30일

지은이 잉그리드 세튀메르
그린이 로디 페로탱 **옮긴이** 이세진
발행인 김혜경 **편집인** 김수진
주니어 본부장 박창희
편집 박진홍 정예림 강민영
디자인 전윤정 김혜은
마케팅 최창호 **홍보** 김인진
경영지원국 안정숙 **회계** 임옥희 양여진 김주연

펴낸곳 (주)도서출판 푸른숲
출판등록 2003년 12월 17일 제2003-000032호
주소 경기도 파주시 심학산로 10, 우편번호 10881
전화 031) 955-9010 **팩스** 031) 955-9009
이메일 psoopjr@prunsoop.co.kr **인스타그램** @psoopjr
홈페이지 www.prunsoop.co.kr

ⓒ 푸른숲주니어, 2023
ISBN 979-11-5675-374-2 44300
　　　978-89-7184-390-1 (세트)